Jürgen Schebera
Damals
im Romanischen Café ...

JÜRGEN
SCHEBERA

DAMALS IM ROMANISCHEN CAFÉ...

Künstler und ihre Lokale im Berlin
der zwanziger Jahre

westermann

1. Auflage 1988
Lektor: Christina Müller
Gestaltung: Gert Wunderlich
Hersteller: Annerose Pietzsch
Gesamtherstellung:
Grafische Werke Zwickau
Printed in the German Democratic Republic

ISBN 3-07-508984-2

CIP-Kurztitelaufnahme der Deutschen
Bibliothek

Schebera, Jürgen:
Damals im Romanischen Café ...
Künstler und ihre Lokale im Berlin der
zwanziger Jahre
Jürgen Schebera. – 1. Auflage –
Braunschweig: Westermann, 1988.
ISBN 3-07-508984-2

Blick auf die verkehrsreiche Kreuzung Kurfürstendamm/Ecke Uhlandstraße. In den zwanziger Jahren entwickelte sich Berlin zu einer europäischen Metropole. Das Fluidum der Großstadt übte magische Anziehungskraft auch auf Künstler und Geistesschaffende aus. Foto von 1931

EIN-LEITUNG

»Ich habe einen guten Teil meines Lebens im Kaffeehaus verbracht, und ich bedaure es nicht«, bekennt Hermann Kesten als Sechzigjähriger, rückschauend auf bewegte Jahre. Und er fährt fort: »Bald wird es ein halbes Jahrhundert sein, daß ich in meinen Cafés sitze und schreibe.«[1]

Von dem Verleger Bruno Cassirer stammen die Sätze: »Ohne Kaffeehaus kann man überhaupt keine Literatur machen. Jeder Mensch ist im Café ein ganz anderer als an seinem Arbeitsplatz. Dort entwickelt er seine verborgenen Eigenschaften und Wunschträume.«[2]

An keinem Ort und zu keiner Zeit unseres Jahrhunderts konnten Literatencafés und Künstlerlokale auf eine solche Galerie klangvoller Namen verweisen wie im Berlin der »goldenen« zwanziger Jahre, wo Egon Erwin Kisch den Satz prägte: »Das Kaffeehaus erspart uns sozusagen eine Wohnung, die man nicht unbedingt haben muß, wenn man ein Kaffeehaus hat.«[3]

Längst sind das Romanische Café, das Restaurant Schwannecke und die Destille der Mutter Maenz ein Stück Berliner Kulturgeschichte geworden – mit Sicherheit nicht das wichtigste, aber dennoch ein unverzichtbares und vor allem erzählenswertes.

Die Jahre der Weimarer Republik – zwischen 1919 und 1932 –, das war eine Periode in der damals bereits fast siebenhundertjährigen Geschichte Berlins, in der die Stadt nicht nur die Viermillionengrenze überschritt, sondern sich auch zu einer Kunstmetropole von europäischem Rang entwickelte. Nie zuvor hatte es in Deutschland eine solche Konzentration nicht nur ökonomischen Potentials, sondern auch geistiger Kräfte an einem Ort gegeben wie in Berlin in den Jahren nach dem ersten Weltkrieg inmitten von Nachkriegskrise und Inflation. Die Großstadt übte eine fast magisch zu nennende Anziehungskraft auf Künstler und Geistesschaffende aus. Vor allem junge Schriftsteller, Theaterleute und bildende Künstler kamen von überallher, um nach dem Wegfall vieler Behinderungen während der Wilhelminischen Ära nun an der Erneuerung auch der geistig-kulturellen Werte mitzuarbeiten. »Wer Berlin hatte, dem gehörte die Welt«, erinnerte sich später Carl Zuckmayer an die Jahre ab 1920, als der Vierundzwanzigjährige gleich vielen anderen die Kunstmetropole zu erobern suchte. »Berlin schmeckte nach Zukunft, und dafür nahm man den Dreck und die Kälte gern in Kauf.«[4]

Für die Entwicklung der Künste wurde die produktive Aufnahme und Verarbeitung ausländischer Einflüsse zum wichtigen Impuls: der avantgardistischen Strömungen aus der jungen Sowjetunion und aus

1 Hermann Kesten: Dichter im Café. Berlin (West) 1960, S. 7
2 Max Tau: Das Land, das ich verlassen mußte. Hamburg 1961, S. 165
3 Umfrage: Wir gehen ins Café, weil ... In: Hamburger Illustrierte, 11/1930, S. 5
4 Carl Zuckmayer: Als wär's ein Stück von mir. Frankfurt a. Main 1966, S. 311, 314

Frankreich ebenso wie der kommerziellen Massenkultur aus den USA. »Berlin als ein Zentrum europäischer Gesittung war neu«, schrieb Heinrich Mann, »Berlin empfing, es war zugänglich noch mehr als schöpferisch. Die Schöpfer kamen zu ihm von überall, die große Stadt repräsentierte, das ist Beruf der wahrhaft großen Stadt. Dazu der Einschlag fremder Kulturen.«[5]

Schließlich entstanden sehr rasch nach der Inflation, einhergehend mit der Entwicklung neuer technischer Massenmedien wie Rundfunk, Schallplatte und Film, zahlreiche neue Produktions- und Verbreitungsmöglichkeiten für Kunst; solch ein Markt für geistige Produkte fand sich vergleichbar in keiner anderen europäischen Hauptstadt. Ein Blick in die Statistik mag diese Ausnahmestellung verdeutlichen:

1927 spielten in Berlin 49 Theater, einmalig in der Welt war die Existenz von gleichzeitig drei Opernhäusern. Es gab drei große Varietés sowie 75 Kabaretts, Kleinkunstbühnen und Lokale mit Unterhaltungsprogramm.

1929 existierten in der Stadt 363 Kinos, 37 Filmgesellschaften produzierten jährlich etwa 250 abendfüllende Spielfilme.

In Berlin erschienen 1929 allein 45 Morgenzeitungen, zwei Mittagsblätter und 14 Abendzeitungen. Fast 200 Verlagsunternehmen arbeiteten in der Stadt, darunter so berühmte Häuser wie S. Fischer, Ernst Rowohlt, Bruno Cassirer und Gustav Kiepenheuer. In den zwanziger Jahren entstanden bedeutende linksorientierte Verlage wie Malik, Die Schmiede, Erich Reiss, der Neue Deutsche Verlag und die Büchergilde Gutenberg. Ullstein und Scherl waren die Großproduzenten von Unterhaltungsliteratur.

Ein solcher Markt verlangte natürlich nach entsprechender Ware – nicht zuletzt war es auch die materielle Seite geistiger Produktion, die Berlin so anziehend machte. Als der dreiundzwanzigjährige Schriftsteller Ödön von Horvath 1924 zum ersten Mal nach Berlin kam, notierte er nach wenigen Wochen: »Und nun das Wichtigste: bekanntlich braucht man zum Denken einen Stuhl, auf dem man sitzt. Es hat sich allmählich herumgesprochen, daß das Materielle unentbehrlich ist. Und das bietet dem jungen Schriftsteller nur Berlin, von allen deutschen Städten. Berlin, das die Jugend liebt und auch etwas für die Jugend tut, im Gegensatz zu den meisten anderen Städten, die nur platonische Liebe kennen. Ich liebe Berlin.«[6]

Neben den traditionellen Produktions-, Diskussions- und Umschlagplätzen für Kunst und geistige Produktion (Theater, Ateliers, Galerien, Verlage, Redaktionen) erlangte nun ein weiterer zunehmende Bedeu-

5 Heinrich Mann: Die geliebte Stadt. In: Theater der Welt. Ein Almanach. Berlin 1949, S. 16
6 Ödön von Horvath: Ich liebe die Stille. In: Materialien zu Ödön von Horvath. Frankfurt a. Main 1970, S. 184

Das Haus des Rundfunks in der Potsdamer Straße. Vom Dachgeschoß des »Vox-Hauses« wurde am 29. Oktober 1923 die erste deutsche Rundfunksendung ausgestrahlt. Im Erdgeschoß befand sich ein Schallplattengeschäft der Firma »Vox« und ein Büro der Programmzeitschrift »Funk-Stunde«. Foto von 1927

tung: das Künstlerlokal. Hier traf man sich, um neue Projekte zu debattieren und vor allem »an den Mann zu bringen«. Ob bei Josty am Potsdamer Platz, bei Schwannecke in der Rankestraße oder im Restaurant Schlichter: Die Künstler kamen nur im Ausnahmefall, um zu arbeiten; viel wichtiger waren solche Treffpunkte, um mit den Dramaturgen der Berliner Bühnen über die Annahme eines neuen Stückes zu verhandeln, von den Feuilletonredakteuren Aufträge für Rezensionen und Artikel zu erhalten oder mit Galeristen Ausstellungen und Ankäufe zu vereinbaren. Nicht zuletzt galt hier auch das Sehen und Gesehenwerden, vor allem im Romanischen Café, das zum Inbegriff aller Berliner Künstlerlokale der zwanziger Jahre wurde.

So reizvoll ein Buch über diesen Bereich künstlerischer Kommunikation ist, muß es doch zwangsläufig vieles aussparen. Weder kann hier eine Berliner Literatur- und Kunstgeschichte der zwanziger Jahre geschrieben werden, noch spiegeln sich in der Szene der Künstlerlokale die politischen wie ästhetischen Polarisierungen der Jahre bis 1933. Entscheidende Prozesse der gesellschaftlichen und politischen Entwicklung wie der künstlerischen Produktion verliefen außerhalb der Kaffeehäuser. Der interessierte Leser erhält dazu im Literaturverzeichnis Hinweise zur weiterführenden Lektüre.

Dennoch besitzt ein solches Buch seinen besonderen Reiz, wird doch darin ein wichtiger Impuls für die bis heute beeindruckende Vielfalt im geistigen Leben Berlins der zwanziger Jahre unmittelbar

»Kudammbummel 1928.« So nannte der Scherl-Fotograf dieses Bild. Rund um die Gedächtniskirche befanden sich am Kurfürstendamm und in der Tauentzienstraße die großen Uraufführungskinos (Marmorhaus, Ufa-Palast, Gloria-Palast), bekannte Cafés (Regina, Möhring, das Romanische Café) und elegante Geschäfte.

nachvollziehbar: die äußerst produktive Rolle von Gespräch und Diskussion für die künstlerische Produktion. Natürlich hat Brecht die **Dreigroschenoper** nicht bei Schlichter geschrieben, sondern in seinem Atelier in der Spichernstraße; Leonhard Franks Romane entstanden nicht im Romanischen Café, sondern an seinem Schreibtisch in Grunewald. Und doch verdanken sie die unterschiedlichsten Anregungen den Gesprächsrunden am Tisch des jeweiligen Stammlokals.

Diese Atmosphäre so authentisch wie möglich wiederzugeben, bestimmt die Machart des vorliegenden Bandes. Da der Autor nicht zur Generation der »Augenzeugen« gehört, werden eine große Zahl originaler Texte der zwanziger Jahre in die Darstellung einbezogen, ergänzt um Auszüge aus später veröffentlichten Erinnerungen. Daß auch die überlieferte Anekdote zu ihrem Recht kommt, mag das Vergnügen an der Lektüre noch erhöhen. So fügt sich die Beschreibung der Lokale und ihrer wichtigsten Stammgäste – die ja erst den Nachruhm ausmachen – zusammen zu einer Dokumentation, die die vorliegende Berlin-Literatur um ein reizvolles Kapitel erweitern möchte.

Ein Gesamtüberblick ist weder beabsichtigt noch zu leisten, zu bunt war die Szenerie. 1928 betrug die Gesamtzahl der Berliner Gaststätten 16000, davon 550 Kaffeehäuser sowie 220 Bars und Tanzlokale. In mehreren hundert davon verkehrten Künstler und Geistesschaffende. Es gab Treffpunkte in unmittelbarer Nähe der Arbeitsorte, etwa das Café Jädicke in der Kochstraße nahe dem

Café Unter den Linden. Das Lokal hatte 1926 Besitzer und Namen gewechselt. Bis dahin war es als Café Bauer ein beliebter Treffpunkt für die Theaterleute rund um Schumannstraße und Schiffbauerdamm gewesen. Foto von 1927

Zeitungsviertel, wo die Journalisten unter sich waren, die Kleine Scala, in der die Varieté- und Zirkusleute nach ihrem Auftritt saßen, oder die Westend-Klause, in der sich die Filmkolonie nach beendetem Drehtag traf. Wichtiger noch als solche »brancheninternen« Lokale waren die »öffentlichen« Künstlertreffpunkte, wo von morgens bis in die späte Nacht ein ständiges Kommen und Gehen herrschte und sich Vertreter aller Genres und Richtungen begegneten.

Einzelne Künstlerstammtische hatte es in Berlin bereits im 19. Jahrhundert gegeben – etwa den Kreis um E. T. A. Hoffmann in den Weinstuben von Lutter & Wegner; Heinrich Heines Tischrunde in der italienischen Konditorei Stehely, die sich zusammenfand, wenn der Dichter in der Stadt weilte, oder den Stammtisch von Carl Ludwig Schleich im Weinlokal Das schwarze Ferkel. Doch erst um 1900 bildete sich mit dem Café des Westens – sehr bald berühmt als Café Größenwahn – jener Typ eines Künstlerlokals heraus, der durch seine Besucher und Gäste aus der Boheme geprägt wurde. Diesem Lokal – obwohl lange vor den zwanziger Jahren auf der Höhe seines Ruhms – gilt folgerichtig das einleitende Kapitel des vorliegenden Buches. Danach werden einige der wichtigsten Treffpunkte aus den Jahren bis 1932 vorgestellt, die als Kommunikations- und Umschlagplätze die Kunstproduktion wesentlich befördert haben. Ein Kapitel ist sodann zwei Dichtern gewidmet, die im Gegensatz zu den in den vorangegangenen Abschnitten aufgeführten Künstlern tatsächlich am Kaffeehaus- und Restauranttisch in Berlin große Literatur geschrieben haben: Erich Kästner und Joseph Roth.

Unser Streifzug durch die Berliner Künstlerlokale der zwanziger Jahre endet mit einem Epilog, der den Exodus des Geistes nach dem 30. Januar 1933 und seine Auswirkungen auch auf den Kaffeehausbetrieb beschreibt. Die Weimarer Republik, den Kern ihrer Zerstörung von Anbeginn bereits in sich tragend, war durch die Kräfte der Reaktion planmäßig vernichtet worden. Diese erwiesen sich in der Periode ab 1930 stärker als ihre Gegenkräfte in Deutschland. Daran konnten auch die vielen Schriftsteller, Journalisten und Künstler aufrechter Gesinnung, die jahrelang ihre Stimme für die Verteidigung der Republik erhoben hatten, letztlich nichts ändern. Die meisten von ihnen mußten Nazideutschland verlassen, »öfter als die Schuhe die Länder wechselnd«, wie Brecht es in seiner poetischen Metapher ausgedrückt hat.[7] Nicht zuletzt ist das vorliegende Buch auch eine Erinnerung an ihre großen Berliner Jahre vor Einbruch der faschistischen Nacht über Deutschland.

7 Bertolt Brecht: An die Nachgeborenen. In: Gesammelte Werke. Bd. 9. Frankfurt a. Main 1967, S. 725

Blick aus einer Café-Terrasse auf die Kreuzung Unter den Linden/Ecke Friedrichstraße. Im Haus schräg gegenüber befand sich das Café Kranzler. Foto von 1932

Freisitze des Café König Unter den Linden. Die »Billard- Schach- und Spielsäle« im Inneren des Lokals waren ein beliebter Treffpunkt schon ab zehn Uhr morgens. Foto von 1931

Das Café des Westens, Kurfürstendamm/Ecke Joachimsthaler Straße. Bei seiner Gründung im Jahre 1893 war die später verkehrsreiche Kreuzung noch ein ruhiger Winkel. Um die Jahrhundertwende erlangte das Lokal durch seinen Kreis von Stammgästen aus der damaligen Berliner Boheme als Café Größenwahn literarischen Ruhm. Hier verkehrten Erich Mühsam, Else Lasker-Schüler und der Kreis der Frühexpressionisten. Foto um 1905

... die gleiche Ecke 25 Jahre später. In den Räumen des früheren Café des Westens wurde eine Kranzler-Filiale eröffnet. Foto von 1932

Im Jahre 1893, als der Kurfürstendamm noch eine kiefernbestandene, nur teilweise bebaute Gegend war, eröffnete ein Herr Kirchner an der Ecke Joachimsthaler Straße ein kleines Café. 1895 ging es in den Besitz des Italieners Rocco über. Als Café des Westens wurde es alsbald Treffpunkt der Berliner Boheme. Im Herbst 1896 fand sich ein erster Stammtisch von Malern aus umliegenden Ateliers zusammen, denen sich ab etwa 1898 zunehmend auch Literaten und Theaterleute anschlossen. Zu dieser Zeit begann sich das aus Frankreich stammende Kabarett in Deutschland zu etablieren. Ernst von Wolzogen und Otto Julius Bierbaum brachten die »zehnte Muse« nach Berlin, Unternehmen wie das Überbrettl und die Schall-und-Rauch-Bühne kündigten sich an.

Zu den ersten Stammgästen des Cafés gehörte der Maler Edmund Edel. Er redigierte im Jahre 1913 eine Festschrift »20 Jahre Café des Westens«, in der sich auch die folgende Reminiszenz an Ereignisse Ende des Jahres 1899 findet:

»In dem kleinen abgeschlossenen Nebenzimmer des Café des Westens wurden die Vorbereitungen zur Sylvesterfeier 1900 getroffen, die in den Parzivalsälen des Theaters des Westens stattfinden sollte. In wenigen Nächten entstand hier Max Reinhardts berühmte Parodie des **Carlos**. Reinhardt war damals noch Charakterspieler des Deutschen Theaters, aber bereits schon mit den beiden Erbübeln, der Schweigsamkeit und der großen Zigarre, behaftet. In diesen Nächten wurde die Schall-und-Rauch-Bühne geboren.«[8]

Sechzig Jahre später erinnert sich der Schriftsteller Peter Edel an seinen Großvater und dessen Freund und Förderer, den Kunstkritiker Max Osborn, der zusammen mit Edmund Edel viele Nächte im Café des Westens saß: »Er geriet in Verzückung, der Dr. Osborn, wenn er seines Freundes Edmund Edel Glanz- und Pioniertaten schilderte: die zahlreichen Plakate, die im kühnen Jugendstilstrich, frech, einprägsam, eine ganze Schule mitbegründet hatten.«[9] Zu den bildenden Künstlern aus der Frühzeit des Cafés gehörten auch der Bildhauer Ottomar Begas, der die Marmorplatten der Tische mit Skizzen und Porträts versah, und der Maler Baron von Schennis.

Sehr bald war es ein zweiter Kreis, der im Café des Westens heimisch wurde. 1899 hatten der Kunstkritiker Herwarth Walden und die Dichterin Else Lasker-Schüler geheiratet, große Teile ihres gemeinsamen Lebens verbrachten sie in »ihrem Café«, wo Walden zahlreiche Künstler und Schriftsteller um sich versammelte, die dann ab 1904 in seinem Verein für Kunst zusammenarbeiteten. Wichtigste Vertreter in

8 20 Jahre Café des Westens. Berlin 1913, S. 22

9 Peter Edel: Wenn es ans Leben geht. Bd. 1. Berlin 1979, S. 33

Umschlag einer von Edmund Edel redigierten Festbroschüre, die im Jahre 1913 erschien

B.Z. am Mittag. Der Maler schuf dieses Werbeplakat im Auftrag des Ullstein-Verlages, als dort im Jahre 1904 die Gründung eines eigenen Mittagsblattes beschlossen worden war. Plakat von Edmund Edel, 1904

diesem »Walden-Kreis«, der sehr bald die Atmosphäre des Lokals bestimmte, waren die Schriftsteller Erich Mühsam, Richard Dehmel, Julius Hart und Peter Hille sowie der Arzt und Dichter Alfred Döblin. Auch der Kunsthändler Paul Cassirer mit seiner Gattin, der Schauspielerin Tilla Durieux, gehörte zu dieser Runde. Später hat die Durieux Herwarth Walden und Else Lasker-Schüler so beschrieben:

»Dieses Ehepaar, mit ihrem unglaublich verzogenen Sohn, konnte man nun von mittags bis spät nachts im Café des Westens unter all den wilden Kunstjüngern und Kunstfrauen antreffen. Die kleine Familie nährte sich, wie ich vermute, nur von Kaffee.«[10]

Zu dieser Zeit, etwa um 1903, erhielt das Lokal jenen Beinamen, unter dem es in die Geschichte eingegangen ist: Café Größenwahn. Vorbild dafür war das Münchner Boheme-Café Stephanie, das bereits 1902 unter dem gleichen Namen zu einem Künstler-Karneval eingeladen hatte.

Bereits 1905 findet sich in einem Buch über Berliner Kaffeehäuser der Name festgeschrieben. In dem Artikel Café Größenwahn heißt es u.a.: »Dicke, überhitzte Luft brütet in dem kleinen Eckcafé, das zu ebener Erde liegt, niedrig, nur wie ein paar Zimmer, zwischen denen die Wände ausgebrochen sind. Billige Gobelins an den Wänden. Verräucherter Stuck an den Decken. Alles in einem lächerlich falsch verstandenen Rococo. Aber gerade diese niedrigen, schlecht geschmückten Decken, die keine genügende Ventilation ermöglichen; gerade dies enge Beisammensein, zu dem die kleinen Räume nötigen – gerade das macht die Gemütlichkeit des Lokals. Gerade das lockt all die jungen Leute von Berlin W. hierher, die es in ihren Ateliers nicht gemütlich haben und in deren möblierten Zimmern es im Winter scheußlich kalt ist.«[11]

Ab etwa 1907 stoßen die Frühexpressionisten um Kurt Hiller und sein kurz darauf gegründetes Neopathetisches Kabarett zu den Stammgästen des Cafés: Ernst Blass, Jacob van Hoddis, Georg Heym und Alfred Lichtenstein. Immer stärker wird das Lokal nun zum zentralen Treffpunkt der Berliner Künstler, die auch aus dem Nollendorf-Casino in der Kleiststraße und aus dem Café Kutschera am Kurfürstendamm ins Café Größenwahn umziehen.

In der bereits erwähnten Jubiläumsschrift von 1913 geht Edmund Edel der Frage nach, was die Anziehungskraft gerade dieses Lokals ausgemacht hat: »Wieso gerade das kleine Café der Hauptsitz des Geistes geworden ist, kann kein Geschichtsschreiber ergründen. Eines Tages war es offenbar Tatsache, daß nur hier im großen Berlin

Programm für das Kabarett Schall und Rauch von Edmund Edel. Auch Max Reinhardts Parodie des **Carlos** wurde an diesem Abend aufgeführt. Plakat von 1901

10 Tilla Durieux: Eine Tür steht offen. Berlin 1954, S. 107
11 Hans Ostwald: Berliner Kaffeehäuser. Berlin 1905, S. 64

16

Ansichtskarte mit Aufnahmen vom Café des Westens, 1905. Empfänger war Erich Mühsam, der hier Grüße von Albert Einstein, dem Verleger Leon Hirsch und der Publizistin Sylvia von Harden empfing. Zu sehen sind links der große Innenraum des Cafés und rechts die von Ottomar Begas gezeichneten Porträts berühmter Stammgäste auf den Tischplatten des Lokals, die der Besitzer Petry zum Schutz der Attraktionen mit Glasplatten abdecken ließ.

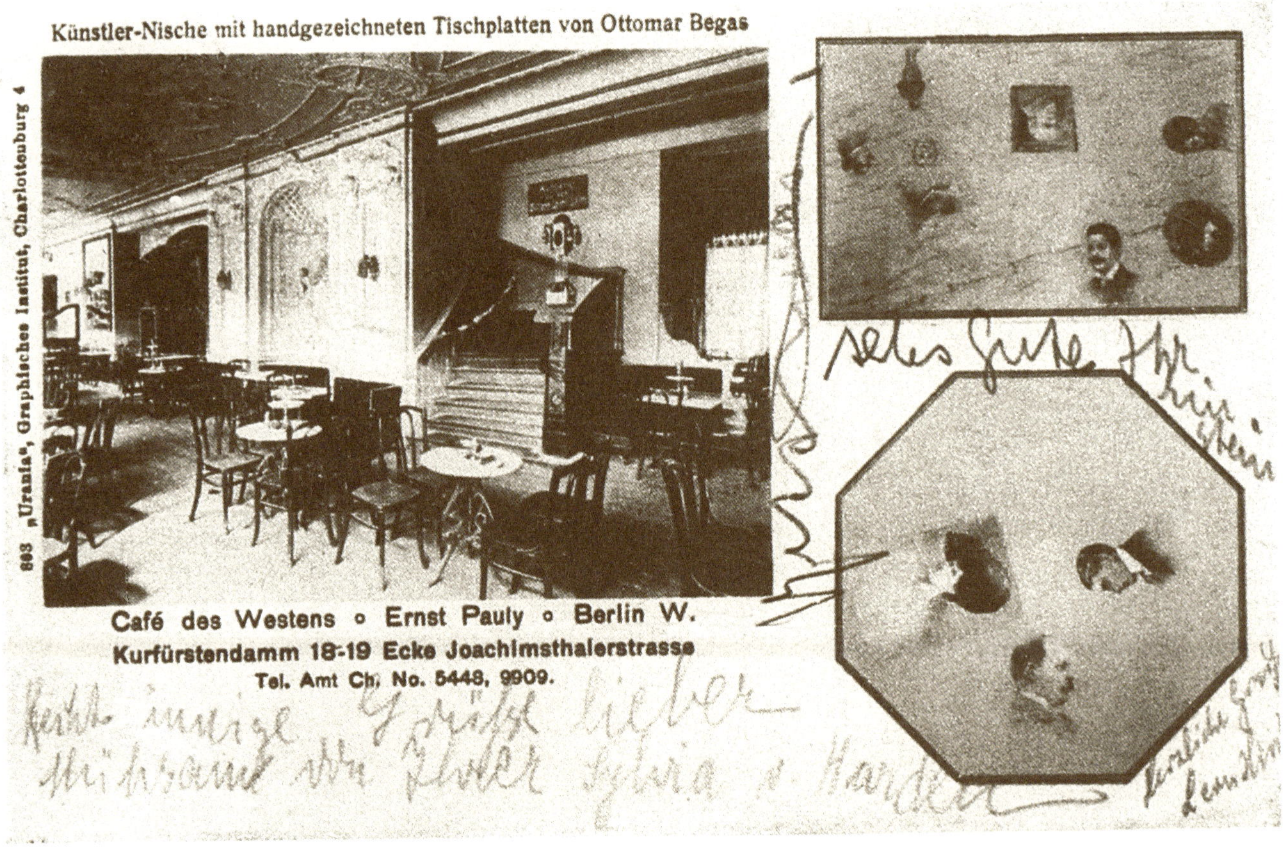

sich der Geist und die Seele in den nötigen Schwung bringen lassen können. Es war, als wenn die Marmortische mit süßem Leim bestrichen wären. Das kleine Café wurde berühmt nicht nur wegen seiner guten Wiener Küche, seines vorzüglich gepflegten Pilsners, als auch wegen seines Größenwahns. Nicht des Besitzers, sondern der Besucher. Allmählich überzogen Scharen von Geisteshelden aller Fakultäten das Kaffeehaus, saßen und lagerten an den Marmortischen am hellichten Tage und in tiefdunkler Nacht, und wenn es hochkam, hatten sie eine Zeche von 55 Pfennig gemacht. Aber sie saßen an den Marmortischen wie an den Wassern Babylons.«[12]

Die wichtigsten dienstbaren Geister des Lokals waren Herr Hahn, der Oberkellner, und der »rote Richard«, ein spezieller Zeitungskellner, so genannt wegen seiner Haarfarbe. Herr Hahn war Vertrauter, Kreditgewährer und Pfandleiher seiner Gäste in einer Person. Er hatte geheime Abkommen mit manch zahlungskräftigem Mäzen und Kunstförderer, so daß oft Rechnungen stillschweigend gar nicht präsentiert wurden und etwa Paul Cassirer für die Zeche der Lasker-Schüler oder einer der Ullstein-Brüder für die Erich Mühsams aufkamen.

Für die Stammgäste war das Café Größenwahn längst zu einem Teil ihres Lebens geworden. »Ich bin nun zwei Abende nicht im Café gewesen«, schreibt Else Lasker-Schüler 1911, als sie krank zu Hause ans Bett gefesselt war, »ich fühle mich etwas unwohl am Herzen. Dr. Döblin kam mit seiner lieblichen Braut, um eine Diagnose zu stellen. Er meint, ich leide an der Schilddrüse, aber in Wirklichkeit hatte ich Sehnsucht nach dem Café.«[13] An ihrem Tisch prägte die Dichterin für sich und ihre Freunde die phantastischsten Namen. Richard Dehmel nannte sie den »Waldfürst«, Peter Hille »Sankt Peter«, Gottfried Benn »König Giselher« und Karl Kraus, der bei keinem seiner Berliner Aufenthalte vor dem ersten Weltkrieg versäumte, ins Café Größenwahn zu kommen, erhielt den Ehrennamen »Kardinal«.

Der expressionistische Maler und Grafiker Ludwig Meidner beschreibt das Café um 1910 so: »Man konnte dort bei einer Tasse Kaffee oder einem Glase Bier, die beide je 25 Pfennig kosteten, die ganze Nacht hindurch sitzen, ohne daß man von einem Kellner ermahnt wurde, etwas Neues zu bestellen. Es hatten sich dort im Laufe der Jahre einige Tafelrunden zusammengefunden, und einer dieser Stammtische war abgebildet in einem großen Wandbild, einem anspruchslosen plakathaften Machwerk, das hoch oben an der Wand prangte und den Kreis um den Schriftsteller Erich Mühsam darstellte ... Die Atmosphäre dieses Milieus war angenehm, ja, sie hatte für uns

Der Künstlerkreis um Herwarth Waldens »Sturm« traf sich regelmäßig im Café des Westens. Skizze von John Höxter, 1928

12 20 Jahre Café des Westens. Berlin 1913, S. 24
13 Else Lasker-Schüler: Mein Herz. Ein Liebesroman. München 1912. Zit. nach: Gesammelte Werke. Bd. 2. München 1962, S. 297

sogar etwas Anheimelndes und Gemütliches. Das Lokal war nicht so grell beleuchtet wie andere Cafés. Wenn man jemand stets antraf, so war es John Höxter, ein junger Mann ohne bestimmten Beruf, obschon er sich als Maler ausgab, dem man aber den Bohemien sogleich ansah.«[14]

Dieser John Höxter, um 1905 aus Düsseldorf nach Berlin gekommen, ein begabter Zeichner, wurde für fast zweieinhalb Jahrzehnte zum Berliner Kaffeehaus-Bohemien par excellence. Er verbrachte den größten Teil dieser Jahre zunächst im Café Größenwahn und danach im Romanischen Café. Nach einem festgelegten Ritus kassierte der liebenswürdige Schnorrer an den Tischen feststehende Sätze zwischen 50 Pfennig und 1 Mark, mit denen er seinen Lebensunterhalt bestritt. Im Jahre 1929 veröffentlichte er seine Erinnerungen an 25 Jahre Berliner Boheme. Darin findet sich auch der Text »Ein Tag im Café des Westens«, eine authentische Schilderung des Lokals als Mittelpunkt, Kommunikationszentrum und Lebensweise:

»›Tag, Herr Höxter!‹

In der Tür steht der ›rote Richard‹ und salutiert mit einem Zeitungshalter. ›Am Buffet liegt ein Brief für Sie!‹ Hinter ihm grüßt von oben herab eine Gipsbüste Wilhelms II., mit unbeabsichtigter Symbolik auf dem Quasselkasten, dem Telefonhäuschen, postiert. Zwei Minuten bleibe ich stehen, um Hausschlüsselfragen mit Jacob van Hoddis zu ordnen (dem Teilhaber meiner Zwei-Zimmer-Wohnung), dann treibt es

Café Größenwahn. Die Zeichnung von Rudolf L. Leonhardt, eine Erinnerung an das Café des Westens, entstand 1920 für den Sammelband **Zirkus Berlin**.

14 Ludwig Meidner: Dichter, Maler und Cafés. Zürich 1973, S. 34 f.

Else Lasker-Schüler. Die aus Elberfeld stammende Dichterin kam bereits 1894 nach Berlin, wo sie eine der Wegbereiterinnen des Expressionismus wurde. Von 1903 bis 1912 mit Herwarth Walden verheiratet, bildete sie im Café des Westens einen Mittelpunkt der Berliner Boheme. Sie war 1932 die letzte Trägerin des Kleist-Preises in der Weimarer Republik, ehe sie vor den Nazis zunächst in die Schweiz und dann nach Palästina floh. Foto von 1907 mich weiter, meinen Brief zu holen. Aber schon am nächsten Tisch bleibe ich wieder hängen. Herwarth Waldens ›Sturm‹-Gesellen Else Lasker-Schüler, Dr. Döblin, Peter Baum, Dr. S. Friedländer-Mynona und Carl Einstein haben Besuch aus Wien erhalten; Karl Kraus und Theodor Loos führen ihre neueste Entdeckung, den Maler Oskar Kokoschka, den Berlinern vor. Anton, der liebenswürdige, immer bleiche Kellner hat mir inzwischen den Brief geholt. Die Comédie-Française gastiert bei Kroll, und Dr. Karl Ludwig Schröders ›Deutsche Theater-Zeitung‹ beauftragt mich, dort Stoff für meine Wochenkarikatur zu suchen. Nun bemerke ich auch einige Tische weiter unten meine eigentlichen, alltäglich-allnächtlichen Kameraden, Erich Mühsam, Ferdinand Hardekopf, René Schickele, Rudolf Kurtz und ein neues Gesicht: der Maler Max Oppenheimer (Mopp) aus Prag ist hier der neue Mann, der sich vorläufig durch Anekdotenerzählen bekannt, beliebt und geschätzt zu machen versucht. Vorläufig kann Mühsam allerdings seinen Kaffee nicht bezahlen. Dr. von Rosenberg, ein stets hilfsbereiter russischer Hofrat, flüstert ihm zu: ›Mir fällt ein, ich schulde Ihnen noch 10 Mark, darf ich mir vielleicht erlauben, jetzt ...‹ ›Sie irren‹, unterbricht Mühsam kühl, ›es waren zwanzig!‹ Ausbeuter? Anarchist? Bohemien?«[15]

Auch Mühsam – ein Jahrzehnt danach unter den Führern der Münchner Räterepublik, ein reichliches weiteres Jahrzehnt danach ermordet im Konzentrationslager Oranienburg – hat sich oft an die Jahre im Café Größenwahn erinnert:

»Ich saß bis drei oder vier Uhr nachts am Künstlertisch mit den allnächtlichen Stammgästen zusammen, und dort debattierten wir über Kunst und Kultur, über Theaterdirektoren und Buchverleger, über politischen und persönlichen Klatsch.«[16]

Gerade jener letzte Gesprächsgegenstand war es, der zunehmend auch Neugierige ins Café Größenwahn lockte. Hier konnte man nicht nur die Geistesgrößen leibhaftig bestaunen, sondern auch manches Bonmot aufschnappen, das sich später trefflich weiterverwenden ließ. Und deren gab es viele, gehörten doch Wort- und Versakrobatik, verqueres Reimen und manch gehässiger Seitenhieb auf die – zumeist – berühmten Kollegen zum bevorzugten »Abendprogramm« im Café. Auch hier verdanken wir John Höxter authentische Überlieferung:

»Oft kam abends die Feierstunde des Spielens mit Worten, für das sie immer neue und schwierigere Regeln erfanden. In Versen zu sprechen, galt als Klippschülerstolz; zumindest mußten es Schüttelreime sein. Mühsam schüttelte gar vierfach:

Jacob van Hoddis. Der expressionistische Dichter zählte bis 1914 zu den Stammgästen im Café des Westens. 1909 hatte er gemeinsam mit Kurt Hiller, Georg Heym, Ernst Blass und Alfred Lichtenstein das Neopathetische Kabarett gegründet, das bis 1911 in verschiedenen Cafés und Lokalen Berlins auftrat. Porträtzeichnung von Ludwig Meidner, 1913

15 John Höxter: Ein Tag im Café des Westens. In: John Höxter: So lebten wir. 25 Jahre Berliner Boheme. Berlin 1929, S. 38 f.
16 Erich Mühsam: Unpolitische Erinnerungen. Berlin 1958, S. 78

Das war das Fräulein Liebetraut,
Das an den Folgen einer Traube litt.
Quälend rumorten ihre Triebe laut,
Weshalb sie schnell in jene Laube tritt.

Oder er schüttelte einen ganzen Roman über ein Bahnunglück in zwei Verse zusammen:

Sie brauchten gar nicht umzusteigen,
Drum gab sie sich ihm stumm zu eigen.
Doch da verkehrt die Weichen lagen,
Fuhr man sie heim im Leichenwagen.

Das waren Leistungen, die Mynona zu dem Ausruf begeisterten:

Für Lohn kreucht er
Auf den Kronleuchter.

Oder: Von deutschen Dichtern lies am meisten,
Nur die so viel wie Mühsam leisten.

Auch ich verste – wir nannten das ›Anklänge‹, ein Wortspiel, das darin bestand, nach dem Paradigma bekannter Verse kleine persönliche Bosheiten zu formen, etwa:

Rilke, Rilke, Rainer,
George und mir kann keiner,
Wir sitzen unterm Lorbeerbusch,
Die andern, die sind kusch, kusch, kusch!

Oder: Auf den Hund
Kommt Klabund,
Nicht reich, nicht gesund;
Vor glattem Mist
Bewahre ihn Herr Jesu Christ.

Oder: Hofmannsthal empfängt beim Wandern
Von dem einen Band zum andern,
Liest erst hier, schreibt dann da,
Mal goethisch, mal Homerika.

Oder: Wenn mancher Mann wüßte,
Wer Thomas Mann wär,
Tät mancher Mann Heinrich Mann
Manchmal mehr Ehr.«[17]

Erich Mühsam. Der 1878 in Berlin geborene Dichter schloß sich 1901 der anarchistischen Bewegung um Gustav Landauer an. Bereits seine frühen Texte für das Kabarett und verschiedene satirische Zeitschriften waren von sozialrevolutionärem Engagement gekennzeichnet. Bis zu seinem Umzug nach München im Jahre 1909 sammelte sich um Mühsam der Literatenkreis im Café des Westens. Porträtskizze von John Höxter, 1928. Seine Skizzen veröffentlichte Höxter 1929 in einem Band mit Erinnerungen an das alte Café des Westens.

17 John Höxter: So lebten wir. 25 Jahre Berliner Boheme. Berlin 1929, S. 10ff.

Auch auf die Rückseite unbezahlter Rechnungen und auf Zeitungsränder wurden allerlei Spottverse niedergeschrieben, wie etwa das folgende Gedicht aus der Feder von Klabund:

Die Welt ist rund.
Ein halbes Kilo
Ist ein Pfund.
Thomas Mann schreibt sich wund
An einem Satz.
Ewers schreibt Schund,
Und
Auf Deinen Mund
Reimt sich Klabund.[18]

Caféhaus. Radierung von Ludwig Meidner, 1914

18 Zit. nach: Géza von Cziffra: Der Kuh im Kaffeehaus. München 1984, S. 53

Um solchem »Mißbrauch« seiner Zeitungen vorzubeugen, hatte der neue Besitzer des Cafés, Herr Petry, seit 1904 einen Stempel in Gebrauch, der alle Journale zierte, die der »rote Richard« ehrerbietig servierte: »Gestohlen im Café des Westens«.[19]

Als der achtundzwanzigjährige Leonhard Frank 1910 nach Berlin zog, bekam das Café Größenwahn einen neuen Stammgast. Teile seines Romans **Die Räuberbande**, mit dem er 1914 berühmt werden sollte, entstanden am Marmortisch des Cafés. In seinem autobiographischen Roman **Links wo das Herz ist** hat Frank später seinen Helden Michael Vierkant über das Café des Westens und einen seiner gleich Höxter legendären Bohemiens, den aus Argentinien stammenden Poeten Rudolf Johannes Schmied, berichten lassen: »Die Weltstadt Berlin war offen für neue, zukunftsträchtige Kunst und Literatur. Berlin nahm auf und gab. Nerv und Geist der Stadt waren elektrisiert. Das Leben war elektrisiert.

Das war Berlin, als Michael im Herbst 1910 am Anhalter Bahnhof aus dem Zuge stieg ... In dieser Stimmung ging er das erste Mal ins Café des Westens, das er erst fünf Jahre später wieder auf längere Zeit verließ. Es war elf Uhr morgens. Nur ein paar Zeitungsleser waren da, und die Kellner trugen Fräcke.

Der Dichter Rudolf Johannes Schmied hatte ein Glas Pilsner vor sich stehen. Er saß mit dem Gesicht zur Wand. Zwischendurch hob er die Hand gestikulierend über den Kopf hoch und erklärte laut einem imaginären Partner, daß die Welt toll und der Planet verpfuscht sei.«[20]

An anderer Stelle hat Frank seine erste Begegnung mit Egon Erwin Kisch im Frühjahr 1914 beschrieben, als dessen Roman **Der Mädchenhirt** gerade im Erich Reiss Verlag erschienen war:

»Das erste Mal sah ich meinen Freund Kisch vor dem ersten Weltkrieg, als er mit seinem neu erschienenen Roman Der Mädchenhirt ins Café des Westens einzog, umgeben von seinen Bewunderern und einer erklecklichen Anzahl hübscher junger Mädchen (siehe Romantitel). Die Kampfgespräche über Literatur begannen sofort. Sie dauerten jeden Tag bis fünf Uhr früh. Und da wir spätestens bis vier Uhr nachmittags wieder im Café sein mußten und, wie ich mich mit Bestimmtheit erinnere, doch auch irgendwann geschlafen haben, frage ich mich heute vergebens, wann wir eigentlich unsere Bücher schrieben.«[21]

Nur wenige Monate danach, im Juli 1914, brach der erste Weltkrieg aus. Am 2. September 1914 notierte Kisch in sein Kriegstagebuch: »Mittwoch, den 2. September 1914. In Gaic borgte mir ein aus Leipzig

René Schickele. Der aus dem Elsaß stammende Dichter gehörte im Café des Westens zum Kreis der Stammgäste. Porträtzeichnung von Rudolf Grossmann, 1916

19 Max Krell: Das alles gab es einmal. Frankfurt a. Main 1962, S. 19
20 Leonhard Frank: Links wo das Herz ist. Berlin 1967, S. 82 f.
21 Leonhard Frank: Worte des Gedenkens. In: Kisch-Kalender. Berlin 1955, S. 30

eingerückter Reservist die ›Leipziger Neuesten Nachrichten‹, die ihm seine Frau nachgeschickt hatte. Eine alte Nummer, aber es war ein Feuilleton darin, worin die Kriegszeiten im Berliner Café Größenwahn geschildert werden. Fast täglich war ich in diesem Jahr dort zu Gaste und kann mir denken, wie diese supernervösen, hypersensitiven und krankhaften Menschen jetzt von Psychosen befallen sind, wie sie Gerüchte aufnehmen, Gerüchte aufbauschen, Gerüchte entstehen lassen. Mir ist bang nach ihnen.«[22]

Als Kisch diese Zeilen niederschrieb, war der Stern des Café Größenwahn freilich schon im Untergehen begriffen. Die Zeitereignisse hatten das unbeschwerte Bohemiendasein längst überholt, viele der Stammgäste mußten den Uniformrock anziehen. Hinzu kam, daß der Besitzer des Cafés im Jahre 1913 den Entschluß faßte, sein Lokal zu verlegen, da ihm nur wenige Häuser weiter, am Kurfürstendamm 26, neue und größere Räume angeboten worden waren. Ende September 1913 eröffnete er sein neues Café des Westens. (Das alte Café Größenwahn blieb daneben noch bis 1915 bestehen, ehe es endgültig geschlossen wurde und verschwand.) Umzug und Renovierung hatten viel Geld gekostet, so daß die Geschäftsführung nun straffer wurde: Man sah auf entsprechenden Verzehr, gewährte keine Kredite mehr. Außerdem hatte das neue Lokal nicht mehr die Gemütlichkeit von einst, war nüchtern und kalt. Alle diese Umstände brachten es mit sich,

Potsdamer Platz. Am 13. März 1920 zogen Truppen des Generals Lüttwitz in Berlin ein, um mit dem Kapp-Putsch eine Militärdiktatur gegen die Weimarer Republik zu errichten. Ein machtvoller Generalstreik vereitelte das Unternehmen. Bereits damals gehörte das Hakenkreuz (hier am LKW) zu den Insignien der reaktionären Truppen, die aus dem Baltikum nach Berlin beordert worden waren. Foto von 1920

22 Egon Erwin Kisch: Schreib das auf, Kisch. Ein Kriegstagebuch. Berlin 1963, S. 236

daß die Künstler den Umzug nicht mitmachten. Sie suchten sich andere Plätze, zunächst das Café Josty am Potsdamer Platz, und danach, etwa ab 1917/18, das Romanische Café.

Ein Augenzeuge berichtet 1921: »Die Zeiten, da Erich Mühsam im Kreise von wilden Zigeunern saß und artistisch begeisterte Sonette auf Marta und Helene improvisierte, wo man sich den alten Mann zeigte, der sein ganzes Leben verbracht hatte mit der Suche nach einer Definition der Kunst, wo man sich mit Ohrfeigen, Billardqueus, Stühlen und Tischplatten traktierte um den Begriff: ›Schön‹, da Richard Strauss, Franz Blei, Max Reinhardt, Höxter, Schickele im Café verkehrten, sind vorbei. Kunstolymp mit wandelbaren Moden und sterblichen Göttern.«[23]

Voller Wehmut und Zorn schrieb Else Lasker-Schüler noch im Oktober 1913 einen offenen Brief, betitelt »Unser Café«. Darin heißt es: »Früher war das Stelldichein all dieser ›Radikalen‹ das Café Größenwahn. Aber eines Tages verbot der Besitzer der Dichterin Else Lasker-Schüler, die zu diesem Kreis gehört, das Lokal, weil sie nicht genug verzehre. Man denke! Ist denn eine Dichterin, die viel verzehrt, überhaupt noch eine Dichterin? Sie empfand das mit Recht als eine unerhörte Beleidigung, als schimpfliches Mißtrauen gegenüber ihrer dichterischen Echtheit. Ebenso dachten die anderen. Daher verließen sie empört das Lokal ... Als wir auf der Straße standen, gedachten wir mit Wehmut des Gründers unseres verlorenen Cafés. Herr Rocco hatte es sich als besondere Freude angerechnet, daß wir Künstler in seinen Räumen verkehrten; wir Künstler haben sozusagen das Café des Westens mit auf die Welt gebracht, wir Künstler haben ihm das erste Feierkleid geschenkt, wir Künstler haben es zur Königin aller Cafés erhoben!

Nur einmal in der Woche treffen wir uns nun in der Konditorei Josty. Auf einer Erhöhung sitzen wir an zwei Tischen, und Sonnabend haben wir Geheimsitzung. Wir wollen Herrn-Café-des-Westens zwingen, sich zu entleiben, ich schlage vor, mit dem Cafélöffel.«[24]

Ungeachtet aller Proteste veränderte Herr Petry weder sein neues Lokal noch seine Prinzipien – das Café Größenwahn war als Künstlertreffpunkt unwiederbringlich verloren. Lediglich 1920 klang noch einmal etwas vom Ruhm vergangener Jahre an, als Rosa Valetti im 1. Stock des neuen Café des Westens ihr Cabaret Größenwahn eröffnete. Hier kreierte u. a. Blandine Ebinger, die Urberlinerin, **Lieder eines armen Mädchens** von Friedrich Hollaender. Doch bereits ein reichliches Jahr nach der Gründung mußte das Unternehmen aus

23 Christian Bouchholtz: Kurfürstendamm. Berlin 1921, S. 46

24 Else Lasker-Schüler: Unser Café. In: Gesichte. Essays und andere Geschichten. Leipzig 1913. Zit. nach: Gesammelte Werke. Bd. 2. München 1962, S. 277 f.
Siehe dazu auch: Ernst Blass: Das alte Café. In: Expressionismus. Aufzeichnungen und Erinnerungen von Zeitgenossen. München 1962

Café Josty am Potsdamer Platz. In den gemütlichen Räumen der ersten Etage trafen sich Künstler und Literaten mit Vorliebe am frühen Nachmittag. Die im Zuge der Umgestaltung von Berlins verkehrsreichstem Platz 1927 errichtete »Normaluhr« war ein beliebter Ort für Verabredungen und Rendezvous. Foto von 1929

finanziellen Gründen wieder schließen. An der einst berühmten Ecke Kurfürstendamm/Joachimsthaler Straße sollte schließlich 1931 das Café Kranzler ein Pendant zu seinem Stammsitz Friedrichstraße/Ecke Unter den Linden eröffnen.

Zum bewegenden Nekrolog auf die Epoche des Café Größenwahn wurde ein Porträt des ehemaligen Zeitungskellners Richard, das Joseph Roth 1923 in der »Neuen Berliner Zeitung« veröffentlichte und in dem er schrieb:

»In fremden Cafés sitzt er und läßt sich – o Jammer! – Zeitungen reichen. Richard, dereinst unbeschränkter Beherrscher des gesamten in- und ausländischen Lesestoffs, läßt sich von anderen Zeitungskellnern Blätter geben ... Was?! Die Welt weiß am Ende gar nicht mehr, wer Richard ist? Richard, der Zeitungskellner aus dem Café des Westens? Richard, der seinen Buckel trug, als körperliches Abzeichen geistiger Würde, den Buckel als das Signalement der Weisheit und Romantik ...

Er war rothaarig. Er war eigens erfunden vom literarischen Beirat des lieben Gottes und vom Pressechef des Himmels zum Zeitungskellner ausersehen. Er sah Generationen von Literaten kommen und gehen. Sie verschwanden in Gefängnissen und Ministerstühlen. Sie wurden Revolutionäre und Attachés. Und sie blieben ihm alle Geld schuldig. Er wußte den Weg, den sie machen würden, kannte den Stil, den sie schrieben. Wußte, wo sie nachgedruckt worden waren und erzählte es ihnen. Er reichte ihnen die Zeitung mit der Nachricht, gewissermaßen die Botschaft mit der Schale. Und wenn sie unbekannt waren – er förderte sie ... Ich entsinne mich jener schmerzlichen Nacht, in der das alte Café des Westens für immer geschlossen wurde und Richard unsere Unterschriften sammelte. Dieses Einfangen der Unsterblichkeit in ein Stammbuch war seine letzte Handlung im Dienste der Literatur. Dann verschwand Richard, und es dauerte eine Weile, ehe er im Romanischen Café auftauchte. Wer weiß, wieviel Schmerz er da empfunden hat, als er in seine Heimat kam als Gast und Fremdling! Zeitungen fordernd, statt sie zu vergeben?! ... Die Wehmut, die mich bei seinem Anblick erfüllt, gleicht jener, mit der ich eine alte Zeitungsnummer betrachte oder ein altes Feuilleton von mir selbst.

So teuer ist mir Richard.«[25]

Bei allen Stammgästen im Café des Westens hieß der legendäre Zeitungskellner nur der »rote Richard«. Porträtskizze von John Höxter, 1928

25 Joseph Roth: Richard ohne Königreich. In: Neue Berliner Zeitung-12 Uhr-Blatt, 9.1.1923. Zit. nach: Joseph Roth: Berliner Saisonbericht. Köln 1984, S. 205 ff.

Atmosphäre im »Nichtschwimmerbassin« des Romanischen Cafés. Es ist Hochbetrieb am späten Nachmittag, kein freier Tisch im ganzen Raum, alle verfügbaren Zeitungen sind okkupiert. Foto von 1930

Im Feuer des ersten Weltkriegs war die alte Berliner Boheme endgültig untergegangen. Wer einst mit exzentrischer Lebensform und -norm sein Domizil im Café Größenwahn gehabt hatte, der ordnete sich nun ein in ein neues, durch technische Innovationen, zunehmende Kommerzialisierung und »neue Sachlichkeit« geprägtes Lebensgefühl der zwanziger Jahre, das auch neue Kommunikationsformen der Künstler mit sich brachte.

Die »Alten« registrierten solche Entwicklung mit Wehmut und Bitterkeit. Als Erich Mühsam nach fast sechs Jahren Festungshaft wegen seiner führenden Rolle während der Münchner Räterepublik 1924 amnestiert wurde und nach Berlin zurückkehrte, schrieb er bald darauf: »Die Boheme, derer ich mich erinnere, lebt nicht mehr, und sie wird dadurch nicht lebendig, daß von solchen, die sich heute Boheme dünken, ihre Gesten kopiert werden.« Und an gleicher Stelle: »Die Meinungsbörse im Romanischen Café wird im Ernst wohl niemand als den Sammelplatz freier Geister, aus Protest Entwurzelter und freiwillig Abseitiger ansehen, der das alte Café des Westens gekannt hat ... Ehemals suchte ich es auf, um zwischen dichterischer Arbeit und werbendem Eifern für eine Idee den Geist mit der spielerischen Akrobatik von Witz, Aperçu, Abstraktion, Kritik und schlagfertiger Bosheit elastisch zu halten, ihn mit anderen Gedanken zu beschäftigen und zu kneten, als der ernste Teil des Tages von ihm verlangte; heute, kommt mir vor, ist das Foyer zur Szene geworden, das Café zur Brutstätte eines katechisierten Radikalismus, dem es an jeder schöpferischen Radikalität gebricht.«[26]

Aus Protest Entwurzelte oder freiwillig Abseitige waren die meisten Vertreter der jungen Künstlergeneration der zwanziger Jahre freilich nicht mehr. Sie identifizierten sich sehr wohl mit den Zielen, die die Weimarer Demokratie verkündet hatte (zumindest in den ersten Jahren der Republik), und sie selbst postulierten in ihren Werken das neue Lebensgefühl.

Die veränderten Bedingungen des Kunstmarktes brachten neue Erfahrungen mit der Rolle des Künstlers als Produzent und Verkäufer. Daß derart veränderte Produktionsbedingungen auch die Kommunikationssphäre durchschlagend verändern mußten, war die notwendige Folge. Insofern ist Mühsams zitierte Äußerung tatsächlich zu relativieren. Man konnte im Literatencafé des Jahres 1925 nicht mehr wie anno 1905 lediglich »zwischen dichterischer Arbeit und werbendem Eifern für eine Idee den Geist« elastisch halten, jetzt kam es vielmehr darauf an, hier Kontakte zu knüpfen, die materielle Existenz zu sichern

26 Erich Mühsam: Unpolitische Erinnerungen. Berlin 1958, S.30, 32

und auch – beim unvergleichbar gestiegenen »Angebot« an Künstlern – auf sich aufmerksam zu machen. Was ganz und gar nicht heißen soll, daß etwa Witz, Aperçu und schlagfertige Bosheit von den Marmortischen verschwunden wären.

Ein im Jahre 1916 von dem Kaufmann Karl Fiering eröffnetes Kaffeehaus gegenüber der Gedächtniskirche wurde ab etwa 1918 zum bevorzugten Berliner Künstlertreffpunkt: Das Romanische Café, so genannt nach dem großen, in neoromanischem Stil erbauten Geschäftshaus zwischen Tauentzien- und Budapester Straße, in dem es sich befand. Das Lokal war wesentlich größer als das alte Café Größenwahn, es faßte mehrere hundert Gäste und hatte ein ausgesprochen häßliches Interieur. Günther Birkenfeld, einer der jungen Literaten im Romanischen (sein Roman **Dritter Hof links** erschien 1929 bei Bruno Cassirer), von dem auch der schöne Begriff »Wartesaal des Genius« stammt, hat es einmal so beschrieben:

»Das Lokal selbst war so farblos und frostig wie sein Name, abgeleitet von der spätwilhelminischen Romanik rund umher. Hier traf sich alles, was zwischen Rejkjavik und Tahiti von Beruf oder aus Liebhaberei mit den Musen und Grazien in irgendeiner Beziehung stand. Schräg gegenüber der Drehtür ein Buffet, das sich an architektonischer Abscheulichkeit und kulinarischer Geschmacklosigkeit mit jedem Wartesaal Preußens messen konnte. Darüber eine der wagenradförmigen Kronen, Serienproduktion im standardisierten Makartstil. Und das in einem Lokal, in dem Slevogt, Orlik und Mopp täglich ihren Kaffee tranken!«[27]

Der Besitzer des Romanischen Cafés erkannte rasch, daß der verstärkte Zuzug der Künstlergemeinde seinem Lokal zu neuer Prosperität verhalf. Er engagierte nach dem Vorbild des alten Cafés des Westens einen extra Zeitungskellner und hatte auch nichts dagegen, daß viele der neuen Besucher nur wenig verzehrten. Nur in krassen Fällen – zwölf Stunden bei einer Tasse Kaffee etwa – konnte es passieren, daß man den »Ausweis« bekam. Dann legte der Geschäftsführer ein gedrucktes Kärtchen neben die Tasse: »Sie werden gebeten, unser Etablissement nach Bezahlung Ihrer Zeche zu verlassen und nicht wieder zu betreten.«[28] Der Portier des Cafés, Herr Nietz, wachte an der Drehtür streng darüber, daß solche »Ausgewiesenen« erst wieder Eintritt erhielten, wenn das Lokalverbot aufgehoben war.

Das Essen im Romanischen Café war ausgesprochen schlecht, doch ohnehin nur für zufällige Besucher gedacht, denn – so Herr Fiering: »Das ist nur für die Laufkundschaft. Meine Stammgäste essen

Das Romanische Haus. Zeichnung von Leonhard Frank, um 1920. Der Dichter, einst Stammgast im Café des Westens, gehörte zu den Künstlern, die den »Umzug« ins Romanische Café initiierten.

27 Günther Birkenfeld: Wartesaal des Genius. Zit. nach: Hans Erman: Berliner Geschichten – Geschichte Berlins. Tübingen 1960, S. 437
28 Georg Zivier: Das Romanische Café. Berlin (West) 1962, S. 24

Außenansicht des Romanischen Cafés mit der nach vorne offenen Glasveranda. Foto von 1928

woanders, wenigstens die, die Geld haben. Und die, die kein Geld haben, essen höchstens zwei Eier im Glas. Und auch die werden noch geteilt.«[29]

Damit ist bereits etwas Wichtiges über das Romanische Café gesagt: Es war kein Ort dauernden Aufenthaltes, ganztägigen Lebens im Café wie ehedem das Café Größenwahn. Ausnahmen wie etwa John Höxter, der auch »umgezogen« war, bestätigten nur diese Regel. Hier traf man sich für zwei, drei Stunden, um etwas zu besprechen, neueste Ereignisse oder Projekte zu diskutieren oder dem Schachspiel zu frönen. Es herrschte ein ständiges Kommen und Gehen – aus dem einstigen Refugium Künstlercafé war ein Umschlagplatz, ja eine regelrechte Börse geworden. Und natürlich jener »Wartesaal«, in dem die jungen, unbekannten Kräfte auf Freunde und Mäzene hofften.

Je mehr Künstler nach Berlin kamen, desto voller und verrauchter wurde auch das Romanische Café. Zu Beginn der zwanziger Jahre nannten es die Stammgäste noch etwas sarkastisch »Rachmonisches Café« (nach dem hebräischen Wort für erbarmungswürdig), doch schon um 1925 hatte das Lokal seine Berühmtheit erlangt. Damals erschien in der Reihe **Was nicht im Baedeker steht** auch ein Band über Berlin. Unter vielen Attraktionen wurde dem Besucher der Stadt das Romanische Café wie folgt empfohlen: »Das Roma-

Der Zeichner John Höxter war als »ewiger Bohemien« und Schnorrer Dauergast im Café des Westens und danach im Romanischen Café. Foto von 1929 aus der »Münchner Illustrierten«

29 Géza von Cziffra: Der Kuh im Kaffeehaus. München 1984, S. 240

nische bietet sozusagen einen ›Querschnitt‹ Berlins, womit aber nicht angedeutet werden soll, daß sämtliche Mitarbeiter dieser vielgelesenen und amüsanten Zeitschrift aus dem Romanischen stammen. (Die meisten allerdings ja.) Es gibt hier nicht nur zukünftige Künstler und erklärte Boheme. Von literarisch empfindenden Inseratenagenten bis zu beliebten Scheidungsanwälten und anerkannten Irrenärzten findet man allerlei Leute.«[30]

Die Räumlichkeiten des Cafés waren nach einer ungeschriebenen Hierarchie aufgeteilt. Trat man durch die fast unentwegt rotierende Drehtür, vorbei an der Loge des Pförtners Nietz, so befand sich linkerhand der kleinere, fast quadratische Raum des Cafés mit etwa 20 Tischen. Er hieß »Bassin für Schwimmer« und war den bereits bekannten und arrivierten Persönlichkeiten vorbehalten. Von hier führte eine geschwungene Treppe zur Galerie empor. Dort befanden sich die »Spielertische« für Schach- und Damepartien, stets umlagert von einer Traube kritischer Kiebitze.

Rechts vom Eingang war ein großer rechteckiger Raum mit etwa 60 bis 70 Tischen, genannt das »Bassin für Nichtschwimmer«. Dort versammelten sich die Scharen der jungen Hoffnungsvollen. Freilich gab es auch Ausnahmen: So war der Malerstammtisch um Emil Orlik gleich vorn im »Nichtschwimmerbassin«.

Die große Außenterrasse des Cafés, von der man auf die Gedächtniskirche und das gegenüber befindliche Café Regina blicken konnte, war fast ausnahmslos von Touristen und neugierigen Besuchern bevölkert, die dann oft auch durch die Innenräume gingen und die anwesenden Berühmtheiten auszumachen versuchten.

Paul Marcus hat die Atmosphäre des Romanischen Cafés 1929 geschildert:

»Freilich, es ist eine andere Boheme, die Boheme um 1929 – gewissermaßen eine Boheme der Praxis und nicht der Ideale. Business, das Schlagwort der Zeit, hat auch sie ergriffen. Und sie sind nicht mehr so wahnwitzig, die Ilias zu deklamieren, Trilogien in Hexametern zu dichten, Idylle à la Raffael zu malen: Photograph, Pressezeichner, Reporter, Conférencier, Filmschauspieler – das sind ihre Ziele. Und die Frage dieser merkwürdigen Mischung aus Kunst und Geschäft ist: ›Wieviel Emm jibts denn dafür?‹ – Das Pumpen wird nämlich immer schwieriger. Ein Querschnitt durch das Romanische Café, Hochburg der Berliner Boheme seit ihrem Auszug aus dem Größenwahn, ist Beweis genug: Die Boheme lebt – nur grundverschieden ist sie von der Vorkriegszeit.

30 Eugen Szatmari: Das Buch von Berlin. München 1927, S. 117

Erich Mühsam. Das Porträtfoto entstand 1925 nach der Entlassung des Dichters aus sechsjähriger Festungshaft, die er wegen Beteiligung an der Münchner Räterepublik verbüßen mußte.

Im Gebäude des Gloria-Palastes, schräg gegenüber dem Romanischen Café, befand sich das Café Regina. Foto von 1925

Acht Uhr morgens: Das Café blitzblank. Zeitungen aus aller Welt flattern ins Regal. Zwei Nachtbummler schlürfen den ersten ›Aufguß‹: die Kassiererin gähnt und schimpft übers Frühaufstehen. Ein obdachloser Maler kommt frisch aus dem Wartesaal Zoo.

Neun Uhr: Ein verhutzeltes Männlein stürmt herein, blättert in einem Norddeutschen Landboten: ob sein Artikel dort erschien? Ein paar Zufallsgäste bestellen ›Eier im Glas‹. Im Hintergrund halten die Kellner Nummer 16, 4 und 9 eine Konferenz über gestern geprellte Zechen.

Zehn bis ein Uhr: Die Unwichtigen tropfen langsam ins Café. Je drei ein Kaffee (die Financiers kommen erst später), dafür aber ein Scheiterhaufen von Zeitungen, von Zürich bis Hamburg. Ausschau nach Glosseneinfällen. Einer rasiert sich auf Pump in der Toilette, will sicher seine Reportage ›Die Telephongebühren im klassischen Altertum‹ an den Redakteur bringen. Schlecht geschminkte Mädchen, denen die auf zwei Stühlen verbrachte Nacht aus den Augen leuchtet, schnorren Fünfpfennigzigaretten. Der Bruder eines prominenten Namens verlangt Aspirin, er hat die Grippe. Mit einem Mal fliegen alle Köpfe hoch: ein Karikaturist hat sich ein Schnitzel bestellt; 2,50 Mark!!! Und die anderen sind froh, die 50 Pfennige für die Tasse Kaffee, mit Macherlohn 55, flüssig zu haben. Sonst Krach mit dem Geschäftsführer: ›Der Herr schon gehabt?‹

Die beiden Piscator-Dramaturgen Felix Gasbarra und Leo Lania diskutieren ein neues Theaterprojekt im Romanischen Café. Rechts am Tisch »kiebitzt« der ewige Schnorrer John Höxter. Foto von 1925 aus dem »Berlin-Wochenspiegel«

Romanisches Café. Der Verleger Bruno Cassirer führt eine rege Diskussion mit Max Slevogt und dem Bildhauer Hans Dammann. Zeichnung von Emil Orlik, 1926

Romanisches Café. Zeichnung von Rudolf Grossmann, 1927, für den von Eugen Szatmari herausgegebenen Band **Das Buch von Berlin**.

Max Slevogt und Rudolf Levy am Malerstammtisch im Romanischen Café. Foto von 1929 aus der »Münchner Illustrierten«

Emil Orlik in seinem Atelier. Neben Max Liebermann und Heinrich Zille war Orlik der bekannteste Berliner Maler und Zeichner der zwanziger Jahre. Er gehörte im Romanischen Café zum Malerstammtisch. Foto von 1928

Zwei bis vier Uhr: Na, schon etwas bessere Namen. Leute mit festen Gagen, frisch von Kempinski, nur noch einen Mokka dazwischen und 'nen Kiek in die Zeitung. Nietz, der Allgewaltige, erscheint und nimmt grinsend seinen Zerberusplatz an der Drehtür ein. Die rotiert jetzt unaufhörlich, schaufelt neue Gäste in die Bude. Eine Goldgrube. Hinten sucht der Gebrauchslyriker K. einen Reim auf ›sex appeal‹, wobei er ›viel‹ und ›Nil‹ schon verwendet hat. Nummer 12 sind soeben ein paar Setzeier durchgegangen, mit Butter und Harzerwasser obendrein. Höxter, der Dante, storcht durch den großen Saal und die Konditorei, kassiert an drei Tischen seine obligaten 50 Pfennige.

Vier bis sieben Uhr: Um vier Uhr ist Kellnerablösung. Ei Potz: Fünf können nicht zahlen. ›Wir erwarten jemand mit Geld – aber Sie kennen uns doch – bitte schön, wie Sie wollen, die Goldfeder bleibt als Pfand – oder geben Sie uns noch 'ne Mark raus, und wir sind quitt.‹ Auf der Galerie steigen die ersten Schachpartien. Der polnische Schachmeister bietet mit dem Rössel Schach und Gardez zugleich und gewinnt seine ersten 20 Pfennige, bis zehn wird es schon ein Abendbrot werden. Der Münzfernsprecher ist dauernd besetzt, der andere seit 14 Tagen kaputt. Tobsuchtsanfälle an der Zelle. Kein Gespräch unter 25 Minuten. Ein Weißhaariger verschachert zwei Theaterkarten. In eine Ecke gedrückt, flirtet junge Liebe bei Zitronenlimonade. Und bumsvoll. Wer nennt die Namen? Dem bürgerlichen Besucher stockt der Atem – schon wegen der verqualmten Luft. Ein Hilfsregisseur engagiert. An einem Tisch neben der Heizung wird soeben ein hypermodernes Theater gegründet, vis-à-vis die satirisch-philosophisch-polemische Zeitschrift ›Der elfte Finger‹ aus der Taufe gehoben. Die ersten zwölf Nummern versprechen garantierte Millionenverdienste – erscheinen aber nie. Höxter kassiert an sechs Tischen seine obligaten 50 Pfennige.

Sieben bis zwölf Uhr: Deutsche Beefsteaks werden gewagt – Stunden noch vor der Ablösung. Starke Nachfrage nach übriggebliebenen Schwarzbroten. Heißer Kampf um Kinofreikarten. Ein Wespenschwarm um den Redakteur eines Boulevardblattes. ›Bringen Sie mir!‹ Nietz bedauert, nicht zwei Mark bis morgen pumpen zu können. Bis Kinoschluß ist der Betrieb flau. Dann füllt sich's wieder. Höxter kassiert an neun Tischen seine obligaten 50 Pfennige.

Von zwölf bis drei: Es flaut wieder ab. Zwei Fracks zeigen großen Toiletten Boheme. Ein Luftballon schaukelt bunt im literarischen Qualm. Die Wohnungslosen versuchen mit Eifer das letzte. Um Punkt drei Uhr wird das Café unwiderruflich und ohne Rücksicht auf die ungelösten Welträtsel geräumt.

Am nächsten Tag fährt um zwölf Uhr ein Auto von Käse's Rundfahrten um die Gedächtniskirche. Der Führer schreit: ›Meine Damen und Herren, Ladies and Gentlemen, Mesdames et Messieurs – und rechts sehen Sie das Romanische Café, den Olymp der brotlosen Künste, den Sitz der Berliner Boheme ...‹«[31]

Den Malerstammtisch hatte Max Slevogt schon um 1916 gegründet, in den Jahren ab 1919 trafen sich hier regelmäßig Emil Orlik, Max Oppenheimer, Rudolf Grossmann und – wenn es seine Geschäfte als Präsident der Preußischen Akademie der Künste erlaubten – Max Liebermann. Auch Galeristen und Kunstverleger gehörten zu diesem Kreis, vor allem Alfred Flechtheim und Bruno Cassirer. Eugen Szatmari hat ihnen in seinem Berlin-Buch 1927 einen eigenen Abschnitt gewidmet:

»Um mit denen zu beginnen, die sozusagen Renommiergäste dieses einzig dastehenden Lokals sind – muß ich die bildende Kunst an die Spitze stellen und mit dem Cassirertisch anfangen. Bruno Cassirer, der bekannte Kunstverleger und Rennstallbesitzer, ist Stammgast, vertritt aber hier nicht das Kapital, sondern die Kunst, und überläßt den Vorsitz am Tisch Max Slevogt, während Emil Orlik mit Rudolf Grossmann um die Wette skizziert. Auch Otto Dix taucht manchmal auf, und auch Pechstein, Rudolf Levy und Lederer lassen sich gelegentlich sehen, während die Reportagezeichner der großen Zeitungen allabendlich hier sitzen und Kritiken voll galligen – nicht gallischen – Geistes von sich geben. Godal, Conny und Fodor politisieren um die Wette, auch der Zeichner Dolbin gesellt sich zu seinen Kollegen.«[32]

Emil Orlik, der »Mann mit der kleinen dunklen Malerkappe auf dem Kopf, mit graumeliertem ›Eduard-von-England-Bart‹« (wie ihn Claire Waldoff einmal beschrieb[33]), hatte bereits während der Kriegsjahre die Kunst der Porträtskizze und -karikatur zu neuer Blüte erhoben. Nun traten Künstler wie Rudolf Grossmann, Mopp und Benedikt Friedrich Dolbin ebenbürtig an seine Seite. Wo konnte man die Berühmtheiten der Zeit besser beobachten und auf dem Zeichenblock festhalten als im »Romanischen«? Da die Presse zunehmendes Interesse an derartigen Porträts zeigte, entwickelte sich diese Kunstrichtung zu einem typischen Produkt der zwanziger Jahre. Einer der im Romanischen Café von Dolbin Porträtierten, Alfred Polgar, hat das Charakteristikum solcher zeichnerischer Sehweise beschrieben:

»In kurzem: Die Art dieses Karikaturisten ist die des Kritikers, und zwar des wortgeizigen Kritikers, der aus hundert Zeilen eine macht. Ich grüße ihn als Bruder im Geiste.

Alfred Polgar. Der Kritiker und Feuilletonist kam Mitte der zwanziger Jahre von Wien nach Berlin, wo er fester Mitarbeiter der Zeitschrift »Das Tagebuch« wurde. Seine Kurzprosa, die in mehreren Sammelbänden erschien, gehört zu den Glanzstücken deutschsprachiger Literatur. Porträtzeichnung von Benedikt F. Dolbin, 1924

31 Paul Marcus: Romanisches Café. Der Berliner Olymp der brotlosen Künste. In: Münchner Illustrierte Presse, 14.4.1929
32 Eugen Szatmari: Das Buch von Berlin. München 1927, S. 117
33 Claire Waldoff: Weeste noch ...! Düsseldorf 1953, S. 82

Daß er das Œuvre der Schreibenden, die er da gezeichnet hat, genau kennt, glaube ich nicht. Es sieht nur manchmal so aus, als ob er einen Kopf durch das Medium der Literatur, die der Kopf ausgeschwitzt hat, betrachtet, gewissermaßen also in den Vater auch das Kind hineingezeichnet hätte. Mehr hat die Hypothese für sich, daß Dolbin im Antlitz intuitiv das Werk errät, das dort (wie das Blümelein in der Knospe) schlummert, und es aus den Zügen hervorblühen läßt.

Betrachten Sie zum Beispiel im Gesicht Alfred Polgars das Weichliche, Verschwommene, Verzwickte. Kein gerader Strich in der ganzen Physiognomie.

Er ist ein gefährlicher Mann, der Zeichner Dolbin, seine Tinte mit Schwefelsäure versetzt, sein Bleistift scharf und fixiert im Griff wie ein Apachenmesser.«[34]

Alfred Flechtheim, der engagierte Förderer zeitgenössischer Kunst und Gründer der Zeitschrift »Der Querschnitt«, saß oft zigarrenrauchend am Malerstammtisch. Er war bekannt ob seiner Schlagfertigkeit. Eines Tages klagte Edmund Reinhardt, der Bruder von Max Reinhardt und Geschäftsführer von dessen Theaterunternehmungen: »Wenn Sie wüßten, Flechtheim, was es bedeutet, vier Theater am Leben zu erhalten! Jeden Tag, wenn ich in der Frühe aufstehe, muß ich 20000 Mark auf den Tisch blättern!« »Wie wäre es«, fragte Flechtheim, »wenn Sie einfach im Bett bleiben würden?«

Als ihn ein junger Mann am Tisch mit dem Plan überfiel, eine Zeitschrift zu gründen (»Herr Flechtheim, ich habe eine geniale Idee. Ich dachte, wir machen das Ding zusammen. Sie geben das Geld, und ich liefere den Geist!«), schmunzelte Flechtheim: »Also das Geld hätte ich, aber woher wollen Sie den Geist nehmen?«

Nach der Premiere von Horvaths Stück **Italienische Nacht**, das Flechtheim überhaupt nicht zugesagt hatte, verteidigte der Dramatiker sein Werk: »Ein Stück muß volkstümlich sein. Meine Stücke können überall gespielt werden, auch in Kyritz an der Knatter!« »Nur in Kyritz an der Knatter«, beendete Flechtheim den Disput – hier hatte er sich allerdings geirrt.[35]

Der spätere Regisseur erfolgreicher Unterhaltungsfilme Géza von Cziffra erinnerte sich daran, wie er 1923 als junger Autor und Journalist, nicht vertraut mit den ungeschriebenen Gesetzen des Romanischen Cafés, an den berühmten Malerstammtisch kam:

»Ich setzte mich rechts in die Nichtschwimmerabteilung gleich neben der Drehtür an den einzigen leeren Tisch. Ich ahnte nicht, daß dieser für die prominenten Maler Liebermann, Slevogt, Orlik, Carl Hofer

Alfred Flechtheim. Der Kunstsammler und Galerist, Begründer der Zeitschrift »Der Querschnitt«, war ein bedeutender Förderer vieler junger Künstler und Dauergast am Malerstammtisch des Romanischen Cafés. In seinen Ausstellungen präsentierte er vor allem die Werke der französischen Moderne erstmalig in Berlin. Porträtzeichnung von Emil Orlik, 1925

34 Alfred Polgar: Der Zeichner Dolbin. In: Die Gezeichneten des Herrn Dolbin. Literarische Kopfstücke. Wien 1926, S. 6 f.
35 Die drei Flechtheim-Anekdoten nach: Géza von Cziffra: Der Kuh im Kaffeehaus. München 1984, S. 166, 168, 173

Als Präsident der Preußischen Akademie der Künste hatte Max Liebermann häufig repräsentative Aufgaben wahrzunehmen. Das Foto zeigt ihn 1931 in der Akademie während der Eröffnung einer Ausstellung von Kunstwerken aus Südamerika.

Heinrich Zille bei einem Spaziergang in Berlin. Der populäre Zeichner war kaum in den Cafés anzutreffen, er bevorzugte das proletarische Milieu von Kneipen wie Zur letzten Instanz in der Waisenstraße. Von hier bezog er den Stoff für seine Darstellungen des Lebens der »kleinen Leute«. Foto von 1931

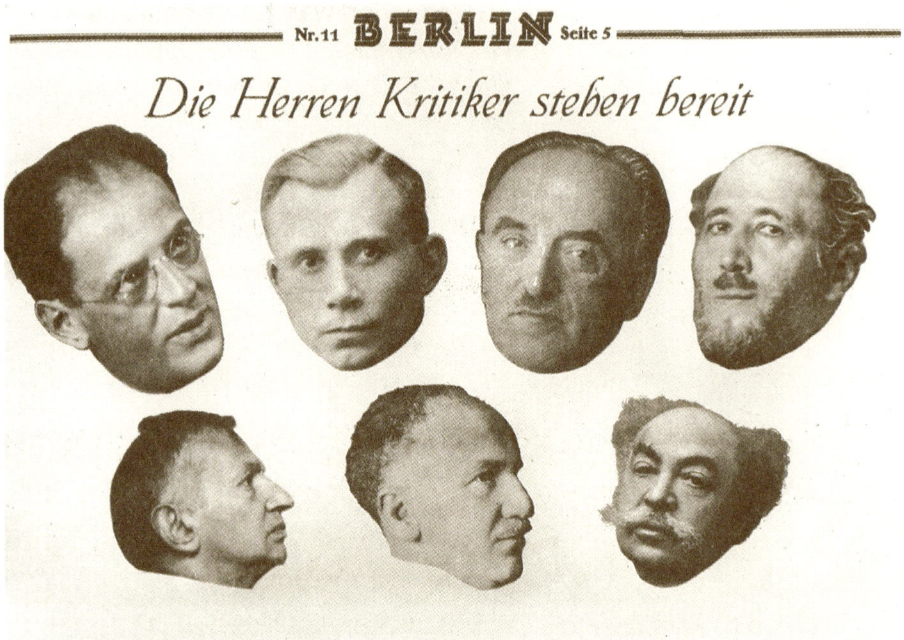

Fotomontage aus dem »Berlin-Wochenspiegel« 1928. Zu Beginn der neuen Theatersaison stellte man die führenden Kritiker der Stadt vor. Obere Reihe von links: Stefan Grossmann (Das Tagebuch), Herbert Jhering (Berliner Börsen-Courier), Norbert Falk (B.Z.) und Alfred Kerr (Berliner Tageblatt). Unten von links: Felix Hollaender (Vossische Zeitung), Fritz Engel (8-Uhr-Abendblatt) und Alfred Holzbock (Berliner Morgenpost).

Namhafte Berliner Kulturjournalisten in einer Fotomontage von 1926. Obere Reihe von links: Erich Dombrowski (Frankfurter Generalanzeiger), Julius Elbau (Vossische Zeitung), Emil Faktor (Berliner Börsen-Courier), Egon Erwin Kisch (für verschiedene Blätter arbeitend), Eugen Szatmari (8-Uhr-Abendblatt) und Karlernst Knatz-Werle (Tägliche Rundschau). Mittlere Reihe von links: Leo Heller (8-Uhr-Abendblatt), Karl Vetter (Berlin), Willy Haas (Literarische Welt), Alfred Kerr (Berliner Tageblatt) und Kurt Pinthus (8-Uhr-Abendblatt). Untere Reihe von links: Stefan Grossmann (Das Tagebuch), Norbert Falk (B.Z.), Egon Jacobsohn (B.Z. am Mittag) und Siegfried Jacobsohn (Die Weltbühne).

und andere nicht minder berühmte reserviert war. Kaum hatte ich mich gesetzt, betrat mit vorsichtigen Schritten ein alter Herr das Café, sagte ›Tach!‹ und setzte sich. Dann musterte er mich prüfend und fragte in unverfälschtem Berlinerisch: ›Wessen Sohn sind Se, mein Junge?‹

›Meines Vaters Sohn‹, antwortete ich etwas gereizt, weil ich die Frage albern fand. Der alte Herr lachte: ›Ick wollte Ihnen ja nich beleidjen, ick dachte nur, Se müssen der Sohn sein von einem Stammtischbruder. Von Slevogt oder so.‹

Ich hatte keine Ahnung, wer dieser Slevogt war, konnte aber nichts mehr fragen, da ein diensteifriger Kellner zum Tisch stürzte und den alten Herrn begrüßte: ›Oh, Herr Professor! Sie waren aber lange nicht bei uns!‹

›Wenn man uff die Achtzich zujeht, liegt Wannsee am Ende der Welt‹, sagte der alte Mann und fügte noch hinzu: ›Eenen Cognac ha' ick verdient.‹

›Einen Cognac‹, wiederholte der Kellner und fragte dann den alten Herrn: ›Und der junge Herr?‹ ›Det müssen Se ihn selber fragen.‹ Der Kellner staunte: ›Gehört er nicht zu Ihnen, Herr Professor?‹ Der alte Herr schüttelte den Kopf:

›Nee. Er saß hier am Tisch, als ick 'rinkam.‹

Der Kellner schnappte nach Luft: ›Das ist hier ein höchstreservierter Tisch! Setzen Sie sich bitte anderswohin.‹

Erst am nächsten Tag erfuhr ich, wer der alte Herr gewesen war – Max Liebermann.«[36]

Von den zahllosen Liebermann-Anekdoten sei hier jene wiedergegeben, die der Schauspieler Fritz Kortner oft selbst erzählt hat:

»Einmal wollte ich das Romanische Café gerade verlassen, als Piscator durch die Drehtüre hereinkam. Ich blieb stehen und wechselte einige Worte mit ihm. Wir standen in der Nähe des Slevogt-Orlik-Tisches, der an diesem Tag einen prominenten Besucher hatte, Professor Max Liebermann. Ich hörte, wie Slevogt zu dem alten Herrn sagte: ›Den müßtest Du mal malen, Max, den Kortner. Ich kenne ihn sehr gut, wenn Du willst, rede ich mit ihm. Er soll mal zu Dir ins Atelier kommen, Modell sitzen.‹ Liebermann winkte ab:

›Det Jesicht kenn ick doch auswendich. Er braucht mir nich im Atelier zu sitzen, den piß ick im Freien in den Schnee.‹«[37]

Der wohl populärste Maler und Zeichner von Berlin, Heinrich Zille, kam nur sehr selten ins Romanische Café. Er bevorzugte die Kneipen und Destillen des Berliner Nordens, in dessen proletarischem Milieu seine Arbeiten angesiedelt waren.

36 Géza von Cziffra: Der Kuh im Kaffeehaus München 1984, S. 103 f.
37 Ebenda, S. 237

Das Café als Markt und Börse funktionierte am besten an den Tischen der Zeitungsleute. Berlin verfügte damals über eine große Zahl brillanter Feuilletonredakteure, Kulturjournalisten und Kritiker. Neben ihrer eigenen Produktion waren sie stets auf der Suche nach interessanten neuen Mitarbeitern und Beiträgen. Das Romanische Café wurde zur »Zentrale« für solche Kontakte.

Ob für die Blätter der drei dominierenden Medienkonzerne Ullstein, Mosse und Scherl, für die Presseorgane der großen Parteien oder für unabhängige Zeitungen und Zeitschriften wie den »Berliner Börsen-Courier«, die »Weltbühne« und »Das Tagebuch« tätig – Monty Jacobs und Max Osborn, Egon Jacobsohn und Fred Hildenbrandt, Kurt Pinthus und Richard Katz, Lothar Brieger und Paul Marcus, Bruno Frei und Alfred Durus, Stefan Grossmann und Frank Warschauer gehörten ebenso zu den Dauergästen im Romanischen Café wie die Kritiker Herbert Jhering, Julius Bab oder Bernhard Diebold.

Nur Alfred Kerr kam selten, er fürchtete wohl, daß viele der von ihm oft verletzend attackierten Autoren, Regisseure und Schauspieler öffentlich mit gleicher Münze antworten könnten. Einmal allerdings kam es im Romanischen zum Austrag solch eines Renkontres. Als Kerr das äußerst erfolgreiche Stück von Curt Goetz **Die tote Tante** total verrissen hatte, sprach Goetz kein Wort mehr mit dem Kritikerpapst. Wenn er ihn auf der Straße traf, lüftete er nur wortlos seinen Hut und grüßte

Noch sitzt Paul Westheim, der führende Berliner Kunstkritiker und Herausgeber des »Kunstblatt«, allein an seinem Tisch. Schnappschuß aus dem Romanischen Café, veröffentlicht 1925 in der Zeitschrift »Berlin-Wochenspiegel«

Der Kritiker. Alfred Kerr mit seiner spitzen Feder steht hier als »Kritikerpapst« stellvertretend für alle Kollegen der Kunstkritik. Holzschnitt von Karl Rössing aus dem Zyklus **Mein Vorurteil gegen diese Zeit**, der 1932 in der Büchergilde Gutenberg erschien und in dem der Künstler sein bitteres Resümee der Weimarer Jahre zog.

nicht einmal. Kerr reagierte ebenso. Kurz danach begegneten die beiden sich zufällig in einer Tischrunde des Romanischen Cafés. Es ergab sich, daß von den weiteren drei Anwesenden zwei sich plötzlich verabschiedeten und der dritte ans Telefon gerufen wurde. So blieben Goetz und Kerr allein am Tisch. Kerr lächelte mokant vor sich hin, Goetz starrte ihn feindselig an, bis er dann doch die Stille unterbrach:

»Ich benutze die günstige Gelegenheit, Sie zu fragen, ob es Ihnen schon aufgefallen ist, daß ich seit Wochen keinen einzigen Satz mit Ihnen gesprochen habe?«

»Das ist mir aufgefallen«, bestätigte Kerr, »und ich wollte gerade die günstige Gelegenheit benutzen, Ihnen dafür zu danken!«[38]

Solcherart geschliffene Aperçus wurden an den Nachbartischen begierig gesammelt und natürlich danach entsprechend kolportiert.

Die Berliner Presse übte damals besonders großen Einfluß auf die kulturelle Landschaft der Stadt aus. Hier konnten Bücher, Theaterstücke und einzelne Künstler über Nacht »gemacht« werden. Der Berliner las in der Regel zuerst das Urteil »seines« Feuilletons, und das wog schwer für seine Meinungsbildung. 1931 erschien im Rowohlt Verlag ein Roman, der in ironischer Zuspitzung einen solchen Fall vorführte: **Käsebier erobert den Kurfürstendamm** von Gabriele Tergit (ein Pseudonym der jungen Autorin Elise Reifenberg). In ihrem Buch erzählt sie die Geschichte des Volkssängers Käsebier, der von einem findigen Journalisten in einem Biergarten des Berliner Nordens aufgespürt wird. Innerhalb weniger Wochen macht er mit Unterstützung der Presse eine sensationelle Karriere, um am Ende in der Provinz zu enden.

In dem genannten Buch findet sich auch eine sehr genaue Schilderung der Welt des Romanischen Cafés:

»Frächter saß abends im Romanischen Café. Willi Frächter war sehr lang und trug blonde, gesalbte, etwas im Nacken lange Haare. Er war aus Gotha.

Das Romanische Café ist sehr schmutzig. Erstens ist es trotz seiner großen Fensterscheiben so angeräuchert, wie es für eine Stätte des Geistes notwendig ist, zweitens ist es schmutzig durch die Manieren seiner Bewohner, die unausgesetzt Überreste ihrer Raucherei auf den Fußboden werfen. Drittens aber durch die ungeheure Frequenz.

Nach Berlin kommt man, um eine Stellung zu finden, um Musik zu machen, um zu filmen und um zu malen, Theater zu spielen, zu schreiben, Regie zu führen, zu bildhauern und Autos zu verkaufen, Bilder, Grundstücke, Terrains, Teppiche, Antiquitäten; um Läden auf-

Leopold Schwarzschild, Herausgeber der Wochenzeitschrift »Das Tagebuch«, posiert vor der Terrasse des Romanischen Cafés für den Fotografen. »Das Tagebuch« war Pendant und Konkurrent der »Weltbühne«. Im Gegensatz zu den linksbürgerlich-demokratischen »roten« Heften verfolgten seine »grünen« Hefte einen bürgerlich-konservativen Kurs. Foto von 1925 aus dem »Berlin-Wochenspiegel«

38 Géza von Cziffra: Der Kuh im Kaffeehaus. München, 1984, S. 191

zumachen, Schuhläden, Kleiderläden, Parfümläden; um zu darben und zu studieren. Sie alle sitzen im Romanischen Café, erst im Nichtschwimmerbassin, später im Schwimmerbassin. Sie alle sprechen und schimpfen.

Willi Frächter saß im Schwimmerbassin mit Heinrich Wurm und erzählte vom Erfolg seiner Artikelserie Käsebier. Heinrich Wurm sagte, er schreibe zur Zeit über Berliner Projekte. ›Ich habe alles schon an die ‚Allgemeine Zeitung‘ verkauft.‹

›Ja‹, sagte Frächter, ›Provinz zahlt zwar schlechter, aber man hat viel mehr Auswahl. Ich möchte nie fest an einem Berliner Blatt sein.‹ ›Na hören Sie mal, Frächter.‹

Frächter stand auf. ›Entschuldigen Sie einen Moment‹, sagte er und ging ans Telefon. In die Zelle gequetscht rief er Mohnkopp an, einen jungen Verleger. ›Hören Sie, Mohnkopp, wir müssen ein Buch herausbringen, Käsebier. Ich hab was läuten gehört, daß er an den Wintergarten kommt.‹ ›Wundervolle Idee, wo besprechen wir das?‹ ›Heute abend bei Schwannecke.‹

Am Abend saß Frächter bei Schwannecke. So weit war er nun in knapp drei Wochen. Bereits Besprechung bei Schwannecke. Gestern noch Romanisches Café, gestern noch Tabak auf dem Boden, Zigaretten- und Zigarrenstummel auf dem nackten Boden, Marmortische, eine Schale Haut, zwei Eier im Glas; heute teppichbelegtes Parkett, lauschige Kojen und Wein und Braten und Sauce béarnaise.«[39]

Roda Roda beim Schachspiel auf der »Spiele-Galerie«. Wenn sich der österreichische Dichter in Berlin aufhielt, ließ er sich die tägliche Partie im Romanischen Café nicht nehmen. Foto von 1929 aus der »Münchner Illustrierten«

39 Gabriele Tergit: Käsebier erobert den Kurfürstendamm. Berlin 1931, S. 63 f.

Lassen wir gleich noch einen Romanausschnitt folgen, in dem das Romanische Café eine wichtige Rolle spielt. Im gleichen Jahr wie Gabriele Tergit schrieb Peter de Mendelssohn den autobiographisch gefärbten Roman **Fertig mit Berlin?**. Darin unternimmt der gerade zweiundzwanzigjährige Autor den Versuch, die »Überwindung einer Jugend« zu schildern. Mendelssohns Ich-Erzähler sitzt, wie fast täglich, im Romanischen Café und reflektiert:

»Es erschien mir, als habe das Café heute etwas besonders Merkwürdiges an sich. Es war fast ein Uhr, das Lokal war noch gestopft voll. Ein dicker Dunst von Zigarettenrauch lag über den Gästen und ließ selbst den riesigen Spiegel an der Hinterwand des großen Raumes fast erblinden. Ich entdeckte viele bekannte Gesichter. Sonst waren sie mir immer gleichgültig gewesen, heute schien es, als wolle jedes einzelne irgendeine Erinnerung wachrufen.

Mit jedem dieser zwei Dutzend Menschen, die ich da im Vorbeigehen begrüßte, hatte ich irgend etwas erlebt, eine kleine Szene, eine Auseinandersetzung, einen Abend in irgendeinem finsteren Lokal, ein Gespräch über Literatur, einen mehr oder minder erfolglosen Pumpversuch. Alle schienen sie mich heute daran erinnern zu wollen.

Hören Sie mal, Sie – warum gehen Sie denn so stolz vorbei – mit Ihnen habe ich doch mal in der Zooquelle Würstchen gegessen, als wir beide beinahe blank waren – schulden Sie mir nicht noch eine Mark, wie? Nun, ich wollte Sie nicht mahnen, bin nur selber knapp – wieso waren Sie eigentlich auf der Redaktion neulich so abweisend zu mir – Ihr Chef, wissen Sie, versteht einen Dreck von Literatur, er hat mir diese ausgezeichnete Sache zurückgeschickt – na was, Laengfeld, was ist denn aus der kleinen Luetischen geworden, die Sie damals mit nach Hause genommen haben – was, total entfallen, nicht wahr – ja, ja, geht mir auch so – anständige Leute – plapperte ich vor mich hin durch den Rauch. Die haben alle dreckige Kragen an und ihre Uhr auf dem Leihhaus und ein halbes Dutzend verkommene Malermodelle an der Hand, mit denen sie sich in irgendwelchen Ateliers amüsieren. Das ist doch nicht das Leben!«[40]

Neben Malern, Zeichnern und Journalisten waren es vor allem die Schriftsteller, die das Café berühmt machten. Kaum einer der damals in Berlin lebenden Autoren, der nicht regelmäßig oder zumindest gelegentlich hier anzutreffen war – von Arnolt Bronnen bis Carl Zuckmayer, von Walter Hasenclever bis Alfred Döblin, von Hans J. Rehfisch bis Ferdinand Bruckner, von Bertolt Brecht bis Arnold Zweig. Ob man

Schachweltmeister Emanuel Lasker. Der Schwager von Else Lasker-Schüler war ein gefragter Partner auf der »Spiele-Galerie« im Romanischen Café. Porträtzeichnung von Max Oppenheimer (Mopp), 1924

40 Peter de Mendelssohn: Fertig mit Berlin? Leipzig 1930, S. 190f.

1930 veröffentlichte die »Hamburger Illustrierte« diese Liebeserklärung an Berliner Künstlercafés. Neben den Abgebildeten, der Schauspielerin Grete Mosheim, der damals in Berlin populären Tänzerin Eugenie Nicolajewna, Egon Erwin Kisch und dem Komiker Paul Morgan, äußerten sich in diesem Beitrag der Boxer Paul Samson-Körner, Max Slevogt, Roda Roda und der Berliner Operetten- und Schlagerkomponist Walter Kollo über ihre Vorliebe für Besuche im Kaffeehaus.

NUMMER 11 — Hamburger Illustrierte — SEITE 5

Wir gehen ins Café weil...

Äußerungen prominenter Kaffeehausbesucher, eingeholt von unserm Mitarbeiter Romani Bernhardt

Grete Mosheim

Eugenie Nicolajewna

Egon Erwin Kisch

Paul Morgan

Kammersänger Michael Bohnen: Schade, daß es die Wiener Art des als ob wir alle, wie wir da sitzen, zusammengehören würden. Und diese still abgemachte Konvention ist es, die mich fast täglich ins Kaffeehaus lockt.

bereits ein »gestandener« Autor war oder noch auf seine Chance hoffte, hier konnte man eben geschriebene Gedichte und Kurzgeschichten den Presseleuten offerieren, und man konnte mit den Lektoren der großen Buchverlage über Romanprojekte oder die Beteiligung an einer geplanten Anthologie verhandeln. Fritz Landshoff und Hermann Kesten vom Kiepenheuer Verlag waren ebenso gesuchte Gesprächspartner wie Franz Hessel von Rowohlt, Max Tau von Cassirer oder Max Krell von Ullstein.

Auf der »Spiele«-Galerie saßen indessen Roda Roda oder Brecht ins Schachspiel vertieft, oftmals in Gesellschaft keines geringeren als des Schachweltmeisters Emanuel Lasker, eines Schwagers der Else Lasker-Schüler, der von 1894 bis 1921 die höchste Krone des Schachspiels innegehabt hatte und in Berlin ein populärer Mann war. Als Fritz Kortner 1925 im Theater an der Königgrätzer Straße die Hauptrolle in Arthur Schnitzlers Stück **Professor Bernhardi** spielte, ließ er sich in ein genaues Konterfei Emanuel Laskers verwandeln.

Die anekdotenträchtigsten drei Literaten waren »Zugereiste«, die nur zeitweilig in Berlin lebten, dann allerdings fast täglich im Romanischen Café anzutreffen waren: der Prager Egon Erwin Kisch, der Wiener Anton Kuh und der Budapester Franz Molnar.

Molnar war einer der erfolgreichsten Dramatiker der zwanziger Jahre, seine Stücke, allen voran **Liliom**, liefen vor stets ausverkauften Häusern. Sein Landsmann Cziffra erinnert sich:

»Im Romanischen Café wurde er behutsam herumgereicht wie ein Juwel, denn er war ein geistreicher, witziger Grandseigneur, seine Bonmots trafen immer ins Schwarze.

Über einen Journalisten, der als berüchtigter Lügner und Angeber galt, sagte er: ›Ein völlig unzuverlässiger Mensch. Er lügt so sehr, daß noch nicht einmal das Gegenteil davon wahr ist, was er erzählt!‹«

Franz Molnar verbrachte seine Berliner Tage schreibend im Hotel und plaudernd im Kaffeehaus. Letzteres jedoch nie vor zwei Uhr nachmittags, denn so lange schlief er und war sehr verdrossen, wenn man ihn vorher weckte. Einmal jedoch mußte ihn sein Verleger vor acht Uhr morgens aus dem Bett holen, weil Molnar vor dem Charlottenburger Amtsgericht eine Zeugenaussage zu machen hatte.

Mit Mühe und Not brachte man ihn ins Taxi. Dort schlief er sofort wieder ein. Als er durch einen unsanften Ruck plötzlich wach wurde, blickte er verschlafen aus dem Fenster und sah die vielen morgendlichen Passanten auf der Straße. Ungläubig schüttelte er den Kopf: »Sind das lauter Zeugen?«[41]

41 Beide Molnar-Anekdoten nach: Géza von Cziffra: Der Kuh im Kaffeehaus. München 1984, S. 129 f.

Einer Institution gleich kam im Romanischen Café der »rasende Reporter« Egon Erwin Kisch. In dem bereits erwähnten Berlin-Buch von 1927 erhielt er einen speziellen Absatz:

»Daß Egon Erwin Kisch ein Stammgast des Romanischen ist, versteht sich von selbst. Er ist sogar ein Überstammgast, denn er nimmt allabendlich Gelegenheit, das ganze Gebiet abzugrasen und einen Cercle zu halten, bevor er zu Schwannecke hinübergeht, wo er sich ganz und gar der Politik des Tages widmet.«[42]

Von den vielen Kisch-Anekdoten aus dem Romanischen Café hier einige Kostproben:

»Egon Friedell und Alfred Polgar sitzen einige Tische von Egon Erwin Kisch entfernt, der bewundernde Blicke zu Polgar hinüberschickt, aber durch dessen abweisendes Lächeln nicht wagt, hinüberzukommen.

Polgar erhebt sich und verläßt zuerst das Café. Friedell folgt ihm. Kisch hält ihn am Arm fest. ›Einen Moment, Herr Doktor, hat Polgar über mich geschimpft?‹

›Im Gegenteil, er hat sogar sehr nett von Ihnen gesprochen.‹

›Was hat er denn gesagt?‹

›Er hat gesagt: Das ist doch reizend vom Kisch, daß er sich nicht zu uns setzt ...‹«

Oder:

»Kisch wird im Romanischen Café von einem Individuum angesprochen, das ihn um eine Spende für unheilbare Trinker bittet.

›Schön‹, sagt Kisch, ›was wollen Sie lieber: Kirsch oder Rum?‹«

Oder:

»Kisch und der Schriftsteller F. R. sitzen an einem Tisch.

›Viel zu tun, was?‹ fragt Kisch.

›Ziemlich.‹

›Was schreibst du jetzt?‹ forscht Kisch.

›Ich schreibe an meinen Erinnerungen‹, erwidert der Gefragte.

›Bist du bald bei 1925 angelangt?‹ erkundigt sich Kisch.

›Warum 1925?‹ staunt F. R.

Kisch stößt hervor: ›Damals borgte ich dir fünfzig Mark, und du hast sie mir bis heute nicht zurückgegeben.‹«[43]

Oder:

»Eines Tages hatte Kisch ein Exemplar von Marx' Kapital vor sich auf dem Marmortisch liegen. Dies sah Alfred Flechtheim und frozzelte:

›Endlich ein Mensch, der mir die Problematik zwischen Kapital und Arbeit erläutern kann!‹

›Das ist ganz einfach‹, erwiderte Kisch, ›wenn Sie mir jetzt tausend

Anton Kuh. Der Wiener Schriftsteller kam 1926 für längere Zeit nach Berlin, wo er im Romanischen Café und später in den Salons des Hotels Adlon mit seinem Witz und seiner Schlagfertigkeit zum wohl charakteristischsten Kaffeehausliteraten der zwanziger Jahre avancierte. Porträtzeichnung von Emil Orlik, 1926

42 Eugen Szatmari: Das Buch von Berlin. München 1927, S. 120

43 Die drei Kisch-Anekdoten nach: Servus Kisch! Erinnerungen. Rezensionen. Anekdoten. Berlin 1985, S. 349 ff.

Mark leihen, habe ich ein Kapital. Die Mühe, die Sie aufwenden müssen, um das Geld zurückzukriegen, ist Arbeit.‹«[44]

Der Wiener Anton Kuh blieb während der längeren Berliner Aufenthalte – wie in seiner Heimatstadt – ein Prototyp des neuzeitlichen Kaffeehausliteraten. Stets in Geldnöten, war er als liebenswerter Schnorrer in aller Munde. Freilich reagierten nicht alle Freunde und Künstlerkollegen gleichermaßen freundlich auf die permanenten Pump- und Schenkgesuche, die ja außer von Höxter und Kuh noch von einer ganzen Reihe weiterer Stammbesucher des Romanischen Cafés kamen. Dem Starkomiker Paul Morgan war diese Angewohnheit gar Anlaß, das Lokal weitestgehend zu meiden, wie er bei einer Umfrage mitteilte:

»Kommt man durch irgendeinen unvorhergesehenen Zufall in das Romanische Café und will dort ein Glas Tee trinken (ich trinke prinzipiell keinen Kaffee), so geht es einem meistens so, daß man zirka drei bis fünf Kaffees zu bezahlen hat, obwohl man nur ein Glas Tee getrunken hat. Und das muß man sowieso selbst bezahlen.«[45]

Doch zurück zu Anton Kuh. Er schrieb wenig, um so spitzer war seine Zunge. Die meist zu mitternächtlicher Stunde im Theater am Kurfürstendamm stattfindenden freien Vorträge, in denen Kuh auf satirische Weise Zeitereignisse aus Kunst und Politik kommentierte, waren berühmt. Leben konnte er davon freilich nicht, so daß manchmal gar ein Plagiat dringend nötiges Honorar herbeischaffen helfen mußte. 1926 veröffentlichte Kuh im »Querschnitt« eine vor vielen Jahren in Wien

Von Walter Mehring gezeichnete Karte an den Verleger Gustav Kiepenheuer, März 1924. Mehring gehörte zu den wichtigsten Autoren des Berliner Kabaretts; mit seiner Lyrik traf er den Nerv der Großstadt in den zwanziger Jahren. Der Dichter war Stammgast im Café Bauer Unter den Linden.

44 Géza von Cziffra: Der Kuh im Kaffeehaus. München 1984, S. 163
45 Umfrage: Wir gehen ins Café, weil ... In: Hamburger Illustrierte, 11/1930, S. 5

Klabund. Bis zu seinem frühen Tod im Sommer 1928 gehörte der Dichter der **Harfenjule**, bekannt geworden hauptsächlich durch seine historischen Romane wie **Borgia** oder **Bracke**, zum Stammkreis des Berliner literarischen Kabaretts. Zusammen mit seiner Gattin, der Schauspielerin Carola Neher, konnte man ihn regelmäßig im Romanischen Café antreffen. Foto von 1925 erschienene Kurzgeschichte von Egon Friedell unter seinem Namen. Der offene Brief des solchermaßen bestohlenen Friedell an Kuh war wochenlang Gesprächsstoff im Romanischen Café:

»Sehr geehrter Herr, überrascht stelle ich fest, daß Sie meine bescheidene Erzählung Kaiser Josef und die Prostituierte unverändert, nur unter Hinzufügung der Worte: ›von Anton Kuh‹ im ›Querschnitt‹ veröffentlicht haben.

Es ehrt mich selbstverständlich, daß Ihre Wahl auf meine kleine, launige Geschichte gefallen ist, da Ihnen doch die gesamte Weltliteratur seit Homer zur Verfügung gestanden hat. Ich hätte mich deshalb gern revanchiert, aber nach Durchsicht Ihres ganzen Œuvres fand ich nichts, worunter ich meinen Namen hätte setzen mögen.«[46]

Vielleicht, weil sie die Könige des Bonmots im Romanischen Café waren, konnten sich Kisch und Kuh nicht ausstehen. Als Kisch sich einmal in eine hitzige Literaturdebatte einmischte, an der auch Kuh beteiligt war, und für dessen Argumente stimmte, so daß der Streit zugunsten von Anton Kuh ausging, reichte ihm dieser die Hand. Kisch ergriff sie mit den Worten: »Na, denn keine Freundschaft nicht!«[47]

Den Ursachen dieser Feindschaft versuchte Egon Jacobsohn auf den Grund zu kommen: »Der Kisch kann nicht auf das Schnorrertalent Kuhs eifersüchtig sein, denn er schnorrt ja nicht. Demnach kann nur der Kuh auf Egon eifersüchtig sein, weil der, außer Pointen erzählen, auch schreiben kann, was er, der Kuh, nicht kann.«[48] Ein Fehlurteil angesichts der geschliffenen Kurzprosa des Österreichers!

Es ist unmöglich, alle Stammtische und Freundeskreise des Romanischen Cafés hier näher zu beschreiben, die »Wöchnertische« etwa, an denen sich einmal pro Woche feste Runden trafen (Max Pallenberg, der gefeierte Komiker, besaß zusammen mit seiner Gattin, der Operettendiva Fritzi Massary, einen solchen Tisch); oder die Tische der emanzipierten Frauen und die »Kükentische«, an denen junge Mädchen unterschiedlichster Couleur auf Abenteuer oder Kundschaft warteten.

Natürlich waren auch die gefeierten Sportler Gäste im Romanischen, Lokalmatadore der Sechstagerennen aus dem Sportpalast ebenso wie die populären Boxmeister Max Schmeling und Paul Samson-Körner. Von letzterem, der auch zeitweise mit Brecht befreundet war, stammt die folgende Liebeserklärung an das Café:

»Der eifrige Kaffeehausbesucher spart enorm viel! Und zwar all das viele Geld, was er sonst für die Zeitungen ausgeben müßte, die dort selbst zu der bescheidensten Tasse Kaffee gratis zur Verfügung

46 Géza von Cziffra: Der Kuh im Kaffeehaus. München 1984, S. 175
47 Servus Kisch! Erinnerungen. Rezensionen. Anekdoten. Berlin 1985, S. 352
48 Zit. nach: Géza von Cziffra: Der Kuh im Kaffeehaus. München 1984, S. 157

Annemarie Hase und Willi Schaeffers in der Hollaender-Revue **Bei uns – um die Gedächtniskirche rum**, Theater am Kurfürstendamm, 1927. Eine Szene dieser Kabarettrevue spielte im Romanischen Café.

stehen. Und die Beschäftigung mit den Journalisten ist immer mindestens so unterhaltend, oft unterhaltender als das Gespräch mit einem Zufallskameraden.

Man sieht, es bietet viel, wie sollten wir das Café entbehren können?«[49]

Eine Besuchergruppe aber muß unbedingt noch etwas ausführlicher betrachtet werden, denn ihr verdankt es das Romanische Café, daß es 1927/28 für mehrere Monate auf einer Berliner Bühne erschien: die Leute vom Kabarett.

In den zwanziger Jahren wurde in Berlin eine neue Art des Kabaretts geboren, geprägt vor allem durch politisch-aggressive wie lyrisch-freche Chansons, die als typische Berliner Kabarettlyrik in die Literaturgeschichte eingegangen sind. Dichter wie Walter Mehring, Kurt Tucholsky und Klabund (der eigentlich Alfred Henschke hieß und sein aus Klabautermann und Vagabund zusammengefügtes Pseudonym 1910 im Café Größenwahn angenommen hatte) im Verein mit Komponisten wie Friedrich Hollaender, Werner Richard Heymann und Interpreten wie Trude Hesterberg, Rosa Valetti, Paul Graetz und Blandine Ebinger waren die Protagonisten des Berliner literarisch-politischen Kabaretts der zwanziger Jahre, das seinen Anfang Ende 1919 mit der zweiten Schall-und-Rauch-Bühne im Großen Schauspielhaus am Schiffbauerdamm nahm.

Damals war noch das nur wenige Minuten entfernt gelegene Café Bauer Unter den Linden bevorzugter Treffpunkt. Erich Kästner hat es 1930 in seinem Gedicht **Der Scheidebrief** verewigt:

»Zwei Stunden sitz ich schon im Café Bauer.
Wenn du nicht willst, dann sags mir ins Gesicht.
Deswegen wird mir meine Milch nicht sauer.
Ich pfeif' auf dich, mein Schatz, na schön, denn nicht.«[50]

Als Trude Hesterberg dann im September 1921 im Keller des Theaters des Westens ihre Wilde Bühne eröffnete, zogen auch die Kabarettisten ins Romanische Café um. Klabund, der Autor der **Harfenjule**, war hier oft mit seiner Gattin, der Schauspielerin Carola Neher, zu sehen. Am »Musikertisch« notierten Hollaender und Heymann mitten im Gespräch Melodiefetzen, die ihnen eben eingefallen waren.

Ende 1927 hatte im Theater am Kurfürstendamm die Kabarettrevue **Bei uns – um die Gedächtniskirche rum** von Friedrich Hollaender und Marcellus Schiffer Premiere. Von Hollaender und Stephan Weintraub auf zwei Flügeln begleitet, sangen zunächst Hubert von Meyerinck,

49 Umfrage: Wir gehen ins Café, weil ... In: Hamburger Illustrierte, 11/1930, S. 6
50 Erich Kästner: Der Scheidebrief. Zit. nach der von Kurt Weill vertonten Fassung. In: The Unknown Weill. New York 1982, S. 30

Friedrich Hollaender. Er war der erfolgreichste Schlager- und Kabarettkomponist Berlins. Mit seiner Gattin, der Chansonette Blandine Ebinger, konnte man ihn häufig bei Schwannecke und auch im Romanischen Café treffen. 1930 wurde Hollaender weltberühmt mit seinen Liedern für Marlene Dietrich in dem Tonfilm **Der blaue Engel**. Foto von 1929

Willi Schaeffers, Anni Mewes und Annemarie Hase das Entree der Revue, voller Bezüglichkeiten auf die »Damen«, die sich damals um die Gedächtniskirche konzentrierten, und bereits mit dem Hinweis auf das Romanische Café, das hier als »Schreckenskammer« apostrophiert wurde:

Bei uns um die Gedächtniskirche rum
Ist der Verkehr fürs Publikum geregelt.
Dort steht sie und notiert sich stumm
Mit wem Herr X in seinem Chrysler segelt.
Bei uns um die Gedächtniskirche rum
Stellt sich manch Dummer schlau, manch Schlauer dumm.
Die Tricks um die Gedächtniskirche rum
Die lernt man erst nach jahrelangem Studium.
Der Fremde auf den ersten Blick
Bemerkt des Michels letzten Schick
Dann macht die Straße einen Knick
Schon steht man auf der Tauentzien.
Dort sieht er für Gemüt und Bett
Halb knabenschlank, halb gänsefett
Halb mit Sopran, halb mit Falsett
Die angemalten Frau'n ziehn.
Palais am Zoo der letzte Cri für die Kurfürstendammer
Für Nervenstarke vis-à-vis Romanische Schreckens-
kammer:
Bei uns um die Gedächtniskirche rum
Ist der Verkehr fürs Publikum geregelt.

Das darauffolgende erste Bild der Revue spielte im Romanischen Café. Willi Schaeffers erschien als Kellner mit dem Hollaender-Chanson:

Ich bin nicht dumm,
Bei uns um die Gedächtniskirche rum,
Ich weiß Bescheid!
Jeder Tisch ist ein unnotierter Wert.
Ein Herr hat schon acht Glas Wasser verzehrt.
Hier klettern Papiere, hier fallen Papiere,
Hier fliegen die Tips durch alle Reviere:
Kortner, gestiegen,
Massary – fest!
Stoffe gesucht! Wer kauft Inzest?
Kurse gestiegen, Kurse gesunken,

Autograph eines Hollaender-Chansons für das Kabarett Schall und Rauch im Großen Schauspielhaus, Dezember 1919. Die Refrainzeile lautet: »Mensch, sei Mensch! Und unterscheide Dir von's Tier!«

Der Herr hat noch ein Glas Wasser getrunken,
Kurse gesunken, Kurse gestiegen –
Es muß an der Atmosphäre liegen ...
Ja – wenn die nicht wäre,
Die – Atmosphäre
Um die Gedächtniskirche rum.
Was wüßte unsereiner
Dann überhaupt und im allgemeinen
Vom wirklichen Leben und von der Welt!
Ich weiß Bescheid ...[51]

Am gleichen Ort, wo sich einst Trude Hesterbergs Wilde Bühne befunden hatte, im Keller des Theaters des Westens, eröffnete Hollaender 1930 sein eigenes Kabarett, das Tingel-Tangel. Die erste Produktion war wieder eine Kabarettrevue mit dem Titel **Es liegt in der Luft**. Erneut wurde das Romanische Café zur Zielscheibe des Spottes, als in der fünften Szene Blandine Ebinger, Ellen Frank, Ellen Schwannecke und Hedi Schoop mit umwerfender Komik den **Gesang der Mädchen im Romanischen Café** vortrugen:

Wir sitzen süß und doof ohne Portemonnaie
Vor unsern leeren Gläsern im Stammcafé
Mittags von Punkt zwölf Uhr
Bis abends um Punkt zwölf Uhr:
Verkehrsinseln in dem Meere der Literatur.
Schriftsteller rings im Kreise, von Brecht bis Kisch –
Mancher benutzt uns episch am Nebentisch.
Das ist fürs Portemonnaie nicht viel wert,
Aber fürs Renommee unerhört:
Endlich wird doch die Nutte einmal verklärt!
Zwei dunkle Augen,
Zwei Eier im Glas
Und ein Tröpfchen Herzblut
Mit Rum!
Ein Täßchen Äther,
Ein Band von Verlaine –
O laßt uns literarisch sein
Und mit den Dichtern gehn![52]

Das Romanische Café in Versen besungen hatte schon fünf Jahre früher der Journalist Karlernst Werle:

51 Texttranskription beider Chansons nach der Dokumentar-Schallplatte: Berliner Revuen 1927–1932. Electrola 1 C 134–45017/18
52 Friedrich Hollaender: Mit eenem Ooge kiekt der Mond. Berlin 1978, S. 64

Stätte überhitzten Denkens,
Geistbeschwerter Rendezvous',
Café mystischen Versenkens,
Wiege schillernder Lulus!
Auf dem Marmor sechs Glas Wasser,
In der Tasche Manuskript –
Frauenknechte, Frauenhasser,
Nein, was es so alles gibt!
Ach, die Welt der Rentenmärker
Schätzt Talent so oft falsch ein!
Stets ist der Verleger stärker
Und Genie hat selten Schwein!
Stresemann geht mit Phantasmen
Doch nur ziemlich mäßig mit,
Und auf tötende Sarkasmen
Gibt die Reichsbank nicht Kredit!

In die blödeste der Zeiten
Sind wir leider tief verbannt.
Darf ich dich nach Haus begleiten?
Pestalozzi oder Kant?[53]

Noch einmal wird die Atmosphäre des Romanischen Cafés lebendig, wenn sich Georg Zivier an einen Tagesablauf erinnert:

»Die Mittagsstunden im ›Romanischen‹ waren immer vergleichsweise ruhig. Ich hatte mir einen Stoß Zeitungen und vom Kellner ein ›Hämänex‹ servieren lassen, hatte zum Jhering-Tisch hinübergewinkt und von dorther ein paar Stippvisiten bezogen; ich blickte vom ›Bassin für Nichtschwimmer‹ aus über die ›Fremdlinge‹ auf der Terrasse; ich tauschte mit Sigismund von Radecki, der zur Galerie der Spieler hinaufging, einen Gruß.

Der späte Nachmittag im Café trug am stärksten von allen Tagesstunden Akzente von Wohlstand und Reputierlichkeit. Jetzt trank der Intendant Leopold Jessner sein Täßchen und blätterte in der Zeitung. Jetzt konnte Jürgen Fehling auftauchen und sich mit ›diesen jungen Kaffeehaus-Jesussen‹ auf hitzige Debatten einlassen und Marginalien prägen: Am späten Nachmittag also hatte das ›Romanische‹ seine molligen Stunden. Das Stimmengebrodel klang jetzt wie sardiniertes Cello.

Darsteller von Bühne und Kabarett sprachen um die sechste Stunde herum schnell einmal im ›Café‹ vor, ehe sie zur Arbeit gingen oder zu

53 Karlernst Knatz-Werle: Romanisches Café. In: Berlin. Wochenspiegel. Hrsg. vom Berliner Messeamt, 11/1925, S. 8

Schwannecke. Ernst Deutsch, Rudolf Forster und Willi Schaeffers waren zu besichtigen. Zu wissen, wo und wie und wer mit wem, war sehr wichtig, denn ein großer Teil der Gespräche kreiste um die Chronique actuelle und die Chronique mudisante.

Um die achte Stunde herum wurde es leer im ›Romanischen‹. Die Prominenten waren weitergezogen. Nächtlicherweise wurden nun die Seßhaften tonangebend, die Schachspieler, die noch nicht Anerkannten, die sich nach Menschen und Licht, nach Aussprache sehnten, nach unendlichem Gespräch.«[54]

Längst ist die Ungemütlichkeit, ja Häßlichkeit des Lokals vergessen, wenn vorwiegend nostalgisch zurückgeblickt wird, wie in dem Chanson von Willi Kollo, dessen erste Zeile unserem Buch den Titel geliehen hat:

Damals im Romanischen Café,
Wir saßen stundenlang bei einem Glas Tee.
Beiden gings uns damals ziemlich schlecht,
Wir lebten nur von Pump, Kurt Weill und Bertolt Brecht.
Es schrieb an seinem Marmortisch
Aus Prag der Egon Erwin Kisch
Den »Rasenden Reporter« –
Durchs Café ging der Kortner.
Homolka spielte oben Schach
Die Mosheim blieb verzweifelt wach
Friedell saß bei dem Anton Kuh
Tucholsky setzte sich dazu.
Es klingt wie eine Sage
Uralt vergangner Tage:
Damals im Romanischen Café![55]

Eine solche Idylle war das Romanische gewiß nicht. Die es miterlebt haben, kommen zu sehr unterschiedlichen Urteilen. Vielleicht trifft Georg Ziviers Einschätzung in ihrer Mischung aus positiven wie negativen Aspekten den Kern:

»Mancher ›Romane‹ von einst ärgert sich noch heute über die vielen, in hochtönendem Kaffeehaus-Geschwätz vertanen Stunden, Tage und Jahre. Das Café mit seinem Dunst und Gebrodel konnte sich lähmend auf die Seele legen. Es konnte so einlullend wirken wie eine permanent gesungene Liedstrophe.

Nicht wenige ›Romanen‹ aber speicherten Energie gerade in dieser narkotisierenden, lässigen Sphäre.«[56]

Die damals noch unbekannte junge Schauspielerin Luise Ullrich und ihr Gesprächspartner wurden in der Bildunterschrift als »junge Namenlose, die auf ihre Chance warten« vorgestellt. Erst 1932 gelang ihr in Max Ophuels' Film **Liebelei** der große Durchbruch zur Popularität. Foto von 1929 aus der »Münchner Illustrierten«

54 Georg Zivier: Das Romanische Café. Berlin (West) 1962, S. 68, 73, 75, 85
55 Texttranskription nach: Schallplatte: Kollo – Kollo – kolossal. Teldec 1969
56 Georg Zivier: Das Romanische Café. Berlin (West) 1962, S. 88

Die Künstlerwirtin Änne Maenz hinter ihrem Tresen. Foto von 1929

Eine Liste der Berliner Stars von Schauspiel, Oper, Operette und Kabarett aus den zwanziger Jahren auch nur annähernd vollständig zu Papier zu bringen, stößt auf große Schwierigkeiten: Zu opulent war die Versammlung der Kräfte, die hier allabendlich zwischen Staatlichem Schauspielhaus am Gendarmenmarkt und Krolloper, Deutschem Theater und Admiralspalast, Theater am Schiffbauerdamm und Kabarett der Komiker, Städtischer Oper Charlottenburg und Theater in der Königgrätzer Straße auf der Bühne standen.

Alle Fächer waren glänzend besetzt. Ob strahlender und vom Publikum vergötterter Tenor (wie Michael Bohnen und Richard Tauber) oder Charakterdarsteller (wie Emil Jannings und Albert Bassermann), ob jugendlicher Held (wie Lothar Müthel und Will Quadflieg) oder Charakterkomiker (wie Max Pallenberg und Max Gülstorff), ob Operettendiva (wie Gitta Alpar und Fritzi Massary) oder Bonvivant (wie Rudolf Forster und Gustaf Gründgens) – das Berliner Theater lebte durch seine großen Regisseure (Max Reinhardt, Leopold Jessner, Jürgen Fehling, Erwin Piscator) ebenso wie durch seine Darsteller.

Man nannte, wie Herbert Jhering 1931 schrieb, »mit Recht unsere Theaterjahre die Zeit der großen Schauspielkünstler. Eine unerschöpfliche Fülle von Begabungen ist über die Bühnen ausgegossen. Für jede Bühnengattung, für jedes Fach ist eine fast unübersehbare Reihe glänzender Talente und Besetzungen vorhanden.«[57]

Das sich stürmisch entwickelnde Medium Kino trug zusätzlich dazu bei, die Popularität der Bühnenkünstler, die mit wenigen Ausnahmen auch alle in den Filmstudios arbeiteten, zu erhöhen.

Von den Lokalen, in denen man sie ständig antreffen konnte, besaßen vor allem zwei besondere Berühmtheit: das Weinlokal Schwannecke in der Rankestraße und die Destille der Änne Maenz in der Augsburger Straße/Ecke Joachimsthaler Straße.

Zu Beginn des Jahres 1921 hatte der Schauspieler und Regisseur Viktor Schwannecke beschlossen, sein Engagement bei Max Reinhardt zu quittieren und ein Restaurant zu gründen. Er mietete in der Rankestraße, nur wenige Minuten vom Romanischen Café entfernt, geeignete Räume und eröffnete die Weinstube Stephanie, genannt nach dem Vornamen seiner Frau. Es dauerte nur wenige Monate, und sein Lokal wurde zu einem bevorzugten Treffpunkt der Theaterleute und Literaten, bald nur noch »Schwannecke« genannt. Hier konnte man vorzüglich speisen, aus einer exquisiten Weinkarte wählen und vor allem in sehr gediegener Atmosphäre zusammensitzen. Das Lokal war nicht billig, und wer von den jungen mittellosen Künstlern hier ver-

57 Herbert Jhering: Die großen Schauspieler. In: Wir und das Theater. Ein Schauspielerbildbuch. München 1932, S. 1

kehren wollte, der mußte sich schon von einem zahlungskräftigen Gönner einladen lassen.

Durch die Schwingtür kam man zunächst in einen kleinen Vorraum, wo der Oberkellner Johnny, Schwanneckes guter Geist, die Besucher empfing und an die Tische oder zu den etwa 15 gemütlichen Nischen geleitete. Der Geschäftsführer, von Schwannecke stets »mein Dramaturg« genannt, war dann bei der Zusammenstellung der Menüs und der Auswahl der Weine behilflich. Das Restaurant öffnete erst am Spätnachmittag, schloß dafür aber auch erst in den frühen Morgenstunden. Der Hochbetrieb setzte meist nach Theaterschluß ein, wenn sich die Akteure und Besucher hier nach 23 Uhr zusammenfanden.

Viktor Schwannecke stammte aus einer alten Theaterfamilie, seine Tochter Ellen war ebenfalls Schauspielerin und Kabarettistin, sie spielte sowohl an Reinhardts Deutschem Theater wie in Hollaenders Kabarett Tingel-Tangel. Schwannecke selbst war 1918 in München sogar für kurze Zeit Intendant des Hoftheaters gewesen, ehe er ab 1920 wieder an das Deutsche Theater in Berlin zurückkam, wo er bereits 1916/17 engagiert gewesen war. Unter Reinhardts Regie spielte er 1920 in der **Lysistrata** des Aristophanes, im gleichen Jahr findet sich sein Name auf dem Besetzungszettel von Gogols **Die Spieler** (Regie Bernhard Reich). Doch es waren immer nur sehr kleine Rollen, die er bekam, was sicher zu seinem Entschluß beitrug, das »Fach« zu wechseln.

Natürlich kannte Schwannecke die meisten seiner Theaterkollegen, so daß sich seine Restauranteröffnung in Windeseile herumgesprochen hatte und das Lokal rasch bekannt wurde. Sehr bald auch war der »Kreislauf« Romanisches Café (Kaffee, Besprechung, Gelegenheitstreffen) – Schwannecke (Abendessen, nächtliche Tischrunde) zur Gewohnheit vieler Künstler geworden. Viktor Schwannecke genoß zu Recht seinen neuen Ruhm.

Als er Mitte der zwanziger Jahre mit dem Intendanten der Münchner Kammerspiele, seinem alten Kollegen Otto Falckenberg, nach einem abendlichen Theaterbesuch in ein Taxi stieg, gab er dem Chauffeur den Auftrag, sie doch in ein Lokal zu fahren, wo man ausgezeichnet essen und dazu viele prominente Künstler sehen konnte. Prompt fuhr der Wagen sie in die Rankestraße – zu Schwannecke![58]

Über dem Restaurant aber vergaß Viktor Schwannecke das Theater nicht. Viele abendliche Gespräche mit seinen Stammgästen führten dazu, daß er die Bretter immer wieder einmal betrat – als Schauspieler, um für erkrankte oder verhinderte Kollegen Rollen zu übernehmen,

58 Nach: Géza von Cziffra: Der Kuh im Kaffeehaus. München 1984, S. 265

Carl Zuckmayer (Mitte) und Emil Jannings
(rechts) im Büro des Produktionsleiters der
UFA, Erich Pommer (links). Foto von 1929

und sogar als Regisseur. So inszenierte Schwannecke, vermittelt durch den mit ihm befreundeten Shaw-Übersetzer Siegfried Trebitsch, im September 1923 die deutsche Erstaufführung von Shaws **Pygmalion** am Deutschen Theater mit Käthe Dorsch als Eliza Doolittle und Werner Krauss als Professor Higgins. Keine Frage, daß die Premierenfeier danach bei Schwannecke stattfand!

Premierenabende, von denen es angesichts der kaum vorstellbaren Zahl von fast 50 Theatern in Berlin nicht wenige gab, waren stets besondere Höhepunkte bei Schwannecke. Die beteiligten Künstler saßen zumeist an großen Tischen in den Nischen oder auch in einem Hinterzimmer, im Restaurant trafen sich derweil die »Experten«. Eugen Szatmari hat die Atmosphäre eines solchen Abends bei Schwannecke beschrieben:

»Hat es aber eine Theaterpremiere in Berlin gegeben, so gewinnt Schwannecke ein ganz anderes Gesicht. Um Mitternacht erscheinen dann die zünftigen Theaterbesucher, im Smoking, wie es sich für einen wohlerzogenen Kritiker ziemt, denn die gestärkte Hemdbrust stärkt das Bewußtsein – sie erscheinen also in Begleitung ihrer Damen, setzen sich hin, bestellen ein Kalbssteak au four, und die Verhandlung wird eröffnet. Schwannecke verwandelt sich in einen Gerichtssaal. Das Femegericht der Berliner Bühnen nimmt die Arbeit auf und urteilt ohne Prozeßordnung und Staatsanwalt, ohne Verteidiger und ohne Plädoyers, oftmals in Abwesenheit der bedauernswerten Angeklagten, die erst am nächsten Tage erfahren müssen, daß es viel besser gewesen wäre, wenn sie das Rampenlicht niemals erblickt hätten.«[59]

Bis 24 Uhr mußten die Rezensionen der Kritiker in den Redaktionen vorliegen, damit sie in den Morgenblättern erscheinen konnten. Schon ab drei Uhr morgens gab es auf den Berliner Fernbahnhöfen, wo die Provinzausgaben der überregionalen Blätter verladen wurden, erste Möglichkeiten, Lobpreisung oder Verriß zur Kenntnis zu nehmen, doch dies geschah nur bei ganz besonders umstrittenen Aufführungen. Meist verbrachte man die ganze Nacht bei Schwannecke und erwartete dann die ersten Zeitungsverkäufer, die gegen sechs Uhr in der Frühe erschienen. Dann wurde ausgiebig gelesen und kräftig gefrühstückt, ehe die ganze Gästeschar gegen acht Uhr morgens nach Hause fuhr, um noch einige Stunden zu schlafen. So hat es auch Carl Zuckmayer oft erlebt:

»Wer in Berlin lebte, besonders in seiner Theaterwelt, weiß, warum mir zuerst das Frühstück einfällt: jene luzide, flimmernde Morgenfrühe, die der durchwachten, durchtobten, durchsoffenen Nacht nach einer

Programmzettel der deutschen Erstaufführung von Bernard Shaws **Pygmalion** am 18. September 1923 in Max Reinhardts Deutschem Theater. Regie führte Viktor Schwanneke. (Der Name des Schauspielers und Regisseurs, der zum Besitzer eines berühmten Künstlerrestaurants wurde, findet sich meist in der Schreibweise Schwannecke.)

Deutsches Theater

Schumannstraße 12–13a

Direktion: Felix Hollaender

Anfang 7 Uhr — Dienstag, den 18. Sept. 1923 — Ende nach 10 Uhr

Sonntag, 23. September 2½ Alt-Heidelberg

Zum ersten Male:

Pygmalion

Komödie in fünf Akten von Bernhard Shaw

Regie: Viktor Schwanneke — Bühnenbilder: Hermann Krehan

Frau Higgins	Gertrud Eysoldt
Professor Henry Higgins, ihr Sohn	Werner Krauß
Alfred Doolittle	Max Gülstorff
Eliza, seine Tochter	Käthe Dorsch
Frau Eynsford Hill	Hermine Sterler
Clara } ihre Kinder	Grete Mosheim
Freddy }	Hans Brausewetter
Oberst Pickering	Ferdinand v. Alten
Frau Pearce	Margarethe Kupfer
Ein Bummler	Erich Fiedler
Der sarkastische Zuschauer	Gerhard Bienert
Ein Stubenmädchen	Vera John

Der erste Akt spielt unter dem Torbogen einer Kirche, der zweite in Wimpole Street, der dritte bei Frau Higgins, der vierte wieder in Wimpole Street, der fünfte nochmals bei Frau Higgins

Die Kostüme der Damen Dorsch, Eysoldt, Sterler und Mosheim sind aus dem Wiener Modellhaus Max Becker, [illegible] 53, die Hüte von Agnes [illegible], Kurfürstendamm 202, die Schuhe von Hermann [illegible], Friedrichstr. 116

Pause nach dem dritten Akt

59 Eugen Szatmari: Das Buch von Berlin. München 1927, S. 131

Fritz Kortner als Macbeth, Staatliches Schauspielhaus am Gendarmenmarkt. Der Regisseur Leopold Jessner inszenierte mit seinem Protagonisten Kortner zwischen 1919 und 1922 durch neue Sicht auf klassische Dramentexte erregendes »Zeittheater«. Zwischen Probe und Abendvorstellung war Kortner häufig Gast im Romanischen Café. Nach der Vorstellung saß er ab 1925 regelmäßig bei Schwannecke. Foto von 1922

Premiere folgte; wenn Johnny in Schwanneckes Bühnen-Club die Läden aufzog, und man sah, durch Wolken von Zigarettendampf, daß die Fenster perlmuttern anliefen und dahinter die blaue Stunde ihr Wesen trieb; ... oder wenn man morgens in der überfüllten Stadtbahn, von nächtlichen Abenteuern noch halb berauscht, schon wieder zur Probe fuhr und eine Handvoll Schlaf im Stehen nachholte.«[60]

Es konnte auch noch schlimmer kommen. Der Drehbuchautor Robert A. Stemmle, Verfasser der schönsten Kriminalkomödie der deutschen Filmgeschichte **Der Mann, der Sherlock Holmes war**, erinnert sich daran, wie er eines Nachts um zwei Uhr im Wartesaal des Potsdamer Bahnhofs dem Komiker Josef Sieber begegnete. Dieser kämmte einem Herrn neben ihm gerade die Haare. Es war offensichtlich, daß die beiden ihre Krawatten getauscht hatten: Sieber trug zum grauen Anzug eine schwarze Schleife, der Herr zum Smoking eine rot und weiß gestreifte Krawatte. Sieber: »Gestatte, daß ich Dir Willi vorstelle. Wir haben bei Schwannecke eine Premiere gefeiert. Ein großer Erfolg!« Stemmle: »Gratuliere herzlich. Heute?« Darauf Sieber: »Nein, vorgestern!«[61]

Fritz Kortner als Richard III. Skizzen von Emil Orlik nach einer Aufführung im Staatlichen Schauspielhaus am Gendarmenmarkt, 1920

Zu den berühmtesten Stammgästen bei Schwannecke gehörten Fritz Kortner und Werner Krauss.

Kortners steile Karriere in Berlin – er hatte schon einmal 1911 bis 1913 als junger Schauspieler am Deutschen Theater gewirkt – war untrennbar verbunden mit dem neuen Inszenierungskonzept des Intendanten Leopold Jessner am Staatlichen Schauspielhaus. Er hatte Kortner ab 1919 in seinen heftig umstrittenen, neue Wege des Ausdrucks suchenden Shakespeare- und Schillerinszenierungen groß herausgestellt: als Geßler in **Wilhelm Tell** und in den Titelrollen von **Hamlet** und **Richard der Dritte**. Danach wurde Kortner in vielen Aufführungen zeitgenössischer junger Autoren (Bronnen, Brecht, Goering) sowie im Stummfilm ein gesuchter Charakterdarsteller. Mit den beiden Tonfilmen **Dreyfus** (1930) und **Der Mörder Dimitri Karamasoff** (1931), in denen Kortner die Hauptrollen spielte, setzte er seine Filmkarriere fort. 1928 schrieb Kurt Pinthus über den Schauspieler:

»Es gibt gute Schauspieler, welche Tradition summieren, steigern, verfeinern. Die Nachfahren, Ende, Abschluß, Gipfel sind. Und es gibt gute Schauspieler, die die Vorfahren, Anfang, Grundstein sind. Zu den Schauspielern dieser wichtigeren Art gehört, neben wenigen anderen, Kortner.«[62]

Oft saß Kortner bei Schwannecke mit seinem Kollegen Werner Krauss zusammen, der seit 1913 am Deutschen Theater spielte und

60 Carl Zuckmayer: Als wär's ein Stück von mir. Frankfurt a. Main 1966, S. 312
61 Nach: R. A. Stemmle: Die Zuflöte. Berlin 1940, S. 62
62 Kurt Pinthus: Kortner, Typ künftiger Kunst. In: Heinz Ludwig: Fritz Kortner. Berlin 1928, S. 82

Werner Krauss. Der bekannte Schauspieler spielte die Hauptrolle in dem Stummfilm **Scherben**, den Lupu Pick 1921 als einen der ersten Höhepunkte des deutschen »Kammerspielfilms« drehte. Werner Krauss gehörte mit seinem Freund Emil Jannings auch zu den Stammgästen bei Änne Maenz.

durch einige Meisterwerke des expressionistischen Stummfilms (**Das Kabinett des Dr. Caligari**, 1920, **Das Wachsfigurenkabinett**, 1924) wie des Kammerspielfilms (**Scherben**, 1921) weithin bekannt geworden war. In vielen großen Rollen auf der Bühne und im Film erwies sich Krauss immer wieder als ein Meister der Charakterdarstellung wie auch der Maske und Verwandlung.

Als äußerst geistreicher Gesprächspartner steckte Werner Krauss stets voller Bonmots und Überraschungen. Aufgefordert, für einen Sammelband mit Schauspielerporträts biographische Notizen zu schreiben, formulierte er seine Ablehnung mit der Erinnerung daran, wie er einmal an einem Provinztheater die Aufgabe übernommen hatte, für ein Wohltätigkeitsfest signierte Bücher erfolgreicher Schriftsteller zu beschaffen:

»Ich schrieb also an alle lebenden Autoren und bat sie, für unser Fest eines ihrer Bücher mit Autogramm zu stiften. Unter anderem schrieb ich auch an Paul Heyse. Nach einigen Tagen bekam ich als Antwort von ihm in einem offenen Kuvert einen abgerissenen Zettel mit folgendem Vierzeiler:

Als die Komödie einst entstand,
War der Wunsch noch nicht allgemein,
Lieber ein lebendiger Hund,
Als ein toter Löwe zu sein.«[63]

Einmal gelang es einem jungen Schauspieler aus der Provinz, bei Schwannecke in Krauss' Tischrunde Platz zu nehmen. Er packte die Gelegenheit beim Schopfe, riß die Unterhaltung an sich und begann zu erzählen: »Wenn ich auf der Bühne stehe, vergesse ich alles um mich herum. Ich höre meine Stimme nur noch wie eine ferne Glocke. Ich fühle, wie ich über mich hinaufschwebe, in eine andere Welt. Können Sie sich das vorstellen? Alles um mich verschwindet, der Zuschauerraum verschwindet, das Publikum verschwindet ...« Darauf Krauss trocken: »O doch, das kann ich mir sehr gut vorstellen!«[64]

Die zarte, zerbrechliche Elisabeth Bergner ging bei Schwannecke ein und aus. Sie war ein besonderer Liebling des Berliner Publikums und spielte wechselweise bei Viktor Barnowsky am Lessingtheater sowie an Reinhardts Deutschem Theater. Mit der Titelrolle in Strindbergs **Fräulein Julie** und dem Stummfilm **Nju** wurde sie 1924 berühmt. Darauf folgten von Shaws **Heiliger Johanna** unter Reinhardts Regie (1925) bis zu dem Tonfilm **Der träumende Mund** (1932) Jahr für Jahr neue bedeutende Rollen.

63 Wir und das Theater. Ein Schauspielerbildbuch. München 1932, S. 99
64 Nach: R. A. Stemmle: Die Zuflöte. Berlin 1940, S. 69

Max Reinhardt vor der Wochenschau-Kamera. Mit Leopold Jessner und Erwin Piscator bildete Reinhardt das Dreigestirn der bedeutendsten Berliner Theater-Regisseure der zwanziger Jahre. Oftmals fuhr er abends vom Deutschen Theater in der Schumannstraße zur nächtlichen Runde bei Viktor Schwannecke. Foto von 1930

Ödön von Horvath. Der aus Ungarn stammende Dichter kam 1924 nach Berlin, wo in den Folgejahren die Uraufführungen seiner wichtigsten Dramen stattfanden. Viktor Schwannecke, bei dem er oft abends saß, inszenierte 1929 an der Volksbühne die Berliner Premiere seines Stücks **Die Bergbahn**. Foto von 1930

Ernst Deutsch und Käthe Dorsch verkehrten bei Schwannecke; auch Max Reinhardt war oft mit seiner Gattin, der Schauspielerin Helene Thimig, zu sehen; die beiden bekannten Mackie-Messer-Darsteller Harald Paulsen (1928/29 im Theater am Schiffbauerdamm) und Rudolf Forster (1931 in der Verfilmung von G.W.Pabst) kamen als Stammgäste, und viele andere berühmte Schauspieler und Sänger gingen bei Schwannecke ein und aus.

Auch die Literatur war vertreten. Außer Egon Erwin Kisch, der hier seinen nächtlichen Stammtisch hatte, saßen Carl Zuckmayer und Arnolt Bronnen, Leonhard Frank und Ferdinand Bruckner mit ihren Freunden und Bekannten zusammen. Auch der junge Dramatiker Ödon von Horvath kam oft und sprach mit Viktor Schwannecke über seine Stücke und Pläne. Angeregt durch den Bau der Zugspitzbahn hatte er 1926 ein Stück **Revolte auf Cote 3018** geschrieben, das bei der Hamburger Premiere durchgefallen war. Horvath arbeitete es um, und Schwannecke gefiel die neue Fassung so, daß er sich für eine Berliner Aufführung einsetzte. Seine Verbindungen zu Karlheinz Martin und der Volksbühne am Bülowplatz führten schließlich dazu, daß Schwannecke selbst die Erstaufführung des Stückes inszenierte, das jetzt **Die Bergbahn** hieß. Die Premiere am 4. Januar 1929 wurde zum ersten Erfolg für Ödön von Horvath.

Zwei Jahre danach war es wieder bei Schwannecke, als der Direktor des Theaters am Schiffbauerdamm bei der Suche nach einem geeigneten Stück auf Horvath stieß. Ernst Josef Aufricht erinnert sich:

»An einem Tisch in dem langgestreckten Nachtlokal Schwannecke saß ein großer, dicklicher, jungenhafter Mann mit schönen braunen Augen und fixierte mich jedes Mal, wenn ich vorüberging. Er hatte eine Rolle schreibmaschinenbeschriebener Blätter in der Hand. Ich blieb stehen:

›Wollen Sie mir etwas sagen?‹

›Ja! Ich habe ein Stück geschrieben: Italienische Nacht! Eine aktuelle politische Komödie. Vielleicht gefällt sie Ihnen?‹

Ich nahm die Papierrolle an mich und notierte seinen Namen, Ödön von Horvath, und seine Telefonnummer. Ich fing nachts an zu lesen und las das ganze Stück zu Ende. Ich bat ihn am nächsten Morgen in mein Theater und machte mit ihm einen Vertrag, seine Komödie sofort zu spielen.«[65]

Die ursprünglich als einmalige Matineeaufführung geplante Premiere am 20. März 1931 wurde ein überraschend großer Erfolg, so daß die Inszenierung anschließend für mehrere Wochen en suite in den

65 Ernst Josef Aufricht: Erzähle, damit du dein Recht erweist. München 1969, S. 106

Abendspielplan des Theaters am Schiffbauerdamm übernommen wurde.

Ebenso wie Schauspieler, Regisseure und Schriftsteller kamen auch die Kabarettisten zu Schwannecke. Schon kurz nach der Eröffnung des Lokals versammelte Trude Hesterberg hier 1921 die »Gründungsmannschaft« ihrer Wilden Bühne: »So setzten wir uns denn an den Konferenztisch bei Schwannecke zur Beratung: Moritz Seeler, Leo Heller, Hans Janowitz und Werner Richard Heymann, der im ersten Programm noch freier Mitarbeiter war. Dann begannen die Proben. Sie dauerten bis tief in die Nacht. Anschließend wurde meist wieder zu Schwannecke gehastet.«[66] Auch Friedrich Hollaender feierte seine Premieren in der Rankestraße. Von einem solchen Abend schrieb er später:

»Es wurde eine ganz ›wahnsinnig schöne‹ Premiere, wie man damals gesagt hätte. (Auch ›Bergner-haft‹ war ein beliebtes Adjektiv.) Bei Schwannecke, unserem ehelich angetrauten Künstlerlokal, warteten wir, wie Usus, bis früh auf das Erscheinen der Vorkritiken.«[67]

Kurt Pinthus. Er war 1919 als Herausgeber der bis heute repräsentativsten Anthologie expressionistischer Dichtung **Menschheitsdämmerung** bekannt geworden. Als Journalist schrieb er für mehrere Berliner Blätter Theaterkritiken und Feuilletons. Wir verdanken ihm die sehr authentische Schilderung des Milieus bei Änne Maenz, zu deren treuen Stammgästen er gehörte. Foto von 1921

In einer derart fröhlichen Runde von Schauspielern und Kabarettleuten wurde Gastgeber Willi Schaeffers einmal von einem jungen Kollegen gefragt: »Sie bewirten uns hier so wunderbar, Herr Schaeffers, warum lassen Sie uns nicht einmal mit Ihnen auftreten?« Schaeffers, wie gewohnt liebenswürdig und freundlich, darauf: »Wenn ich Euch alle bei mir auftreten ließe, könnte ich Euch bald nicht mehr bewirten!«[68]

Wie zutreffend das Wort von den Gegensätzen ist, die sich anziehen, macht der Blick auf das zweite bevorzugte »Theaterlokal« Berlins deutlich: die Bierstube der Änne Maenz, von ihren Stammgästen liebevoll nur »Mutter Maenz« oder »Maenzen« genannt. Hier gab es weder Plüschteppiche noch Damasttischtücher, am blankpolierten Holztisch trank man sein Bier und seinen Schnaps. Das Lokal in der Augsburger Straße war etwa gleichzeitig mit dem Romanischen Café ab 1918 zum Künstlertreffpunkt avanciert. Kurt Pinthus gehörte zu den Stammgästen von Anfang an, er hat die Atmosphäre des Lokals mit seinem legendären Kellner Adalbert Duffner, genannt »Papa Duff«, geschildert:

»Damals hatten einige Schauspieler, Regisseure und Schriftsteller, angewidert vom Lärm der Schieberlokale, eine Art Stammtisch in der kleinen Kutscherkneipe der Frau Änne Maenz, Ecke Augsburger Straße/Joachimsthaler Straße, etabliert. Das war eigentlich mehr ein Stammtischchen für vier Personen, an dem aber oft ein Dutzend Kunstmenschen saßen, während die Chauffeure an der Theke ihre Molle kippten oder im Hinterzimmer eine Partie Billard spielten.

66 Trude Hesterberg: Was ich noch sagen wollte. Berlin 1971, S. 88
67 Friedrich Hollaender: Von Kopf bis Fuß. Berlin 1967, S. 122
68 Nach R. A. Stemmle: Die Zuflöte. Berlin 1940, S. 38

Eiscreme. Zeichnung von George Grosz aus dem Zyklus **Das neue Gesicht der herrschenden Klasse**, der 1930 im Malik Verlag erschien

Diesen Stammtisch bediente Papa Duff, ein trippelndes, schlotterhosiges Männlein, dessen Körperchen in einem fast bis zur Erde fallenden Gehrock versackte; kaum hörbar kam das Stimmchen unter dem grauen Schnauzbart und der gerutschten Nickelbrille hervor.

Da saßen wir: Lubitsch, Jannings, Veidt, Stefan Grossmann, der Verleger Rowohlt, Tiedtke, der unter vielen Pseudonymen bekannte Jakob Fraenkel. Es wurden immer mehr: Krauss und Klöpfer, Orlik, die Massary, Pallenberg, Moser, die Verfertiger des Caligari-Films Wiene, Janowitz. So daß schließlich das Billard aus dem Hinterzimmer entfernt wurde, damit Tische Platz fanden. Und es war jede Nacht krachvoll ...

Alle wollten von Papa Duff bedient sein. Das war in jener düsteren Zeit der Brot- und Kohlenkarten, als jedes Lokal um elf Uhr schließen mußte. Aber Änne Maenz, die Maria Theresia genannt wurde, weil sie so majestätisch ihre Rundungen und ihre aufgetürmte Blondfrisur trug wie jene Kaiserin auf den Bildern des 18. Jahrhunderts, Änne Maenz schloß ihre Kneipe nur zum Schein, das heißt, sie löschte den Schein des Lichts, und wir saßen bei herabgelassenen Rolläden im dicken Dunst des Kerzendämmers.

›Duff, wo bleibt denn Herr Fraenkel?‹ ›Der is heute abend theatralisch!‹ Damit meinte Duff: der Schriftsteller Fraenkel ist heute im Theater, um eine Kritik zu schreiben. ›Herr Lubitsch, der Schinken ist keiner mehr da!‹ In dieser präzis-pfiffigen Art gab Duff Auskunft über alle und alles.

Die Prominenten, die dort im Lokal der Änne Maenz saßen, waren damals noch gar keine Prominenten. Das Wort ›Prominente‹ war überhaupt noch nicht erfunden. Der einzig wirklich Prominente war eben Papa Duff.

Auch ein Diplom hing da, durch das Papa Duff zum Ehrenbürger ernannt wurde. Sah man genau hin, so war das Insiegel allerdings ein überlackiertes Bruchband, und die wunderbar verschnörkelten Arabesken um den Text wiederholten immer wieder die Worte: ›Du alter Esel du‹.

Duffs 80. Geburtstag aber wurde der größte seines Lebens, der festlichste im Lokal der immer gütigen, immer pumpbereiten Änne Maenz. An jenem Abend wurden schon frühzeitig die Rolläden heruntergelassen. Alle Stammgäste waren da. Jeder Dame hatte der alte Duff ein Veilchensträußchen spendiert. Die Massary hielt die Festrede. Und schließlich kam mit Glückwünschen der Reichspräsident Ebert, so genau in Maske nachgebildet, daß Duff bis zu seinem Tode glaubte, Ebert selbst sei dagewesen.«[69]

69 Kurt Pinthus: Papa Duff. In: 8-Uhr-Abendblatt, 26. 1. 1931. Zit. nach: Kurt Pinthus: Der Zeitgenosse. Marbach 1971, S. 105

Leider hat Pinthus nicht mitgeteilt, wer damals den Ebert »gab«, vieles spricht jedoch dafür, daß es Max Pallenberg, der Ehemann der Massary, war, der diese Rolle übernommen hatte.

Als Duffner Anfang der dreißiger Jahre endgültig die Kellnerjacke auszog, konnte man ihn kurz darauf allabendlich am Kurfürstendamm/ Ecke Tauentzienstraße antreffen:

»Noch vor kurzem wunderten sich am Kurfürstendamm die Berliner über einen gnomenhaft greisen Zeitungsverkäufer in viel zu schwerem Mantel und viel zu hoher Krimmermütze, der das ›8-Uhr-Abendblatt‹ als ›8 Uhr‹ mit einem so komisch auf dem U sich überschlagenden Ton ausrief, daß er durch diese piepsenden Gluckser viele Käufer anlockte. Gingen Jannings oder Tiedtke an ihm vorbei, so sagten sie ›Abend, Papa Duff‹ und kauften ihm eine Zeitung ab, auch wenn sie schon eine in der Tasche hatten.«[70]

Zwei Schauspieler, die durch den Film zu großer Popularität gelangt waren, zählten zu den prominentesten Gästen bei Änne Maenz: Emil Jannings und Conrad Veidt.

Jannings war ein sehr früher »Überläufer« vom Theater zum Film gewesen. Bereits 1916 spielte er in dem Ernst Lubitsch-Streifen **Vendetta**. In der weiteren Zusammenarbeit mit diesem bedeutenden Regisseur

Conrad Veidt in der Doppelrolle der **Brüder Schellenberg**. Karl Grune drehte diesen Stummfilm 1926. Wie sein berühmter Kollege Emil Jannings gehörte auch Veidt zum Schauspielerstammtisch bei Änne Maenz.

70 Kurt Pinthus: Papa Duff. In: 8-Uhr-Abendblatt, 26. 1. 1931. Zit. nach: Kurt Pinthus: Der Zeitgenosse. Marbach 1971, S. 104

des frühen deutschen Stummfilms (**Madame Dubarry** 1919, **Anna Boleyn** 1920) sowie danach vor allem mit Friedrich Wilhelm Murnau (**Der letzte Mann** 1924, **Tartüff** 1925, **Faust** 1926) war Jannings weit über Deutschland hinaus bekanntgeworden, so daß er 1927 einem Angebot nach Hollywood folgte, wo sich allerdings die erhofften großen Rollen nicht einstellten. 1929 nach Berlin zurückgekehrt, gelang ihm gleich mit seiner ersten Tonfilmrolle, dem Professor Rath in Josef von Sternbergs Heinrich-Mann-Verfilmung **Der blaue Engel** (1930), wieder ein durchschlagender Erfolg. Auch das Berliner Theater sicherte sich den Schauspieler, der zu dieser Zeit schrieb:

»Am Anfang meiner Berliner Zeit riet mir der ›rote Richard‹, die Seele des Cafés des Westens, es mit dem Film zu versuchen. Und ich versuchte (ich brauchte Geld). Ein Sensationsschauspieler forderte mich auf, von der Weidendammer Brücke in Berlin auf einen Dampfer zu springen. Dreh-Dauer: 3 Tage. Gage: 15 Mark pro Tag. (Ich bin nicht gesprungen.)

Zwischen diesem ersten Filmangebot und dem Ruf der Paramount nach Amerika liegen viele Jahre, viele große und schöne Filmrollen.

Ich bin froh, wiedergekommen zu sein, ich bin froh, der schauspielerischen Grundidee, der unmittelbaren Wirkung von einem zum anderen: dem Sprechtheater wieder anzugehören. Der Fuhrmann Henschel, den ich jetzt in Berlin gespielt habe, hat mir ungeheure Freude gemacht!«[71]

Emil Jannings. Er zeigt sich in der Maske des Mephisto mit dem Regisseur Friedrich Wilhelm Murnau während einer Drehpause zu dem Stummfilm **Faust**. Der Schauspieler war befreundet mit der Künstlerwirtin Änne Maenz, zu deren Stammgästen er gehörte. Foto von 1926

Eine langjährige Freundschaft verband Emil Jannings mit seinem Kollegen Werner Krauss. Im ersten Jahr nach dem Ende des Weltkriegs, als sie beide noch nicht zu ihrer späteren Wohlhabenheit gekommen waren, saßen sie eines Abends bei Änne Maenz. Krauss versuchte, seinen Freund anzupumpen: »Emil, kannst du mir zehn Mark borgen?« »Oh, Werner«, jammerte Jannings, »leih sie dir doch bitte woanders. Du weißt, als ich mir von dir kürzlich zwanzig geliehen habe und sie nicht pünktlich zurückzahlen konnte, wäre um ein Haar unsere Freundschaft hin gewesen. Also wähle, was willst du lieber: die zehn Mark oder meine Freundschaft?« Darauf Krauss: »Bitte, die zehn Mark!«[72]

Conrad Veidt war 1917 vom Regisseur Richard Oswald für den Film entdeckt worden. Nach einem aufsehenerregenden Erfolg in **Das Kabinett des Dr. Caligari** war Veidt mit seinem leicht dämonisch wirkenden Aussehen zum Filmschurken vom Dienst avanciert; bis 1926 spielte er diese Rolle in vielfacher Variation. Auch Veidt arbeitete von 1927 bis 1929 in Hollywood und kehrte danach in die Berliner Studios zurück.

71 Wir und das Theater. Ein Schauspielerbildbuch. München 1932, S. 77
72 Nach: R. A. Stemmle: Die Zuflöte. Berlin 1940, S. 49

Mit der Darstellung des Metternich in Erik Charells Tonfilmoperette **Der Kongreß tanzt** feierte er 1931 sein Comeback auf der deutschen Leinwand. Veidt und Jannings wurden 1928 auch berühmt durch ihren luxuriösen »Hollywooder« Lebensstil, Fotos vom gemeinsamen Frühstück im Swimmingpool gingen durch die gesamte Presse. Ungeachtet ihres Wohlstandes aber hielten beide Änne Maenz die Treue, was wiederum viele Neugierige an den Tresen in der Augsburger Straße lockte.

Conrad Veidt gehörte ebenfalls zu den »Pendlern« zwischen Theater und Film. 1931 schrieb er darüber:

»Am Deutschen Theater gibt es einen Portier Zimmermann. Er ist sozusagen der Vater meiner schauspielerischen Laufbahn.

Dieser Zimmermann überwachte uns neunzehnjährige Theaterenthusiasten beim Anstehen um einen Galeriestehplatz. Da ich nicht wußte, wie man Schauspieler wird, fragte ich Zimmermann, der ja sozusagen dem Theater ›vorstand‹. Er kam auf den ›originellen Einfall‹, daß man dazu etwas lernen müsse und wies mich an einen Schauspieler Albert Blumenreich. Nach 16 Unterrichtsstunden hatte ich natürlich die ›letzte Bühnenreife‹ erreicht und Blumenreich brachte es tatsächlich fertig, mich zu einem Vorsprechen vor Reinhardt zu bringen; man fragte

Dieses Foto aus Beverly Hills ging 1928 durch die Berliner Presse und wurde zum Inbegriff für »mondänes Leben«: Conrad Veidt, Emil Jannings und seine Gattin Gussy Holl beim Frühstück im Swimmingpool während ihres Abstechers in die Ateliers von Hollywood. Sowohl Veidt als auch Jannings kehrten jedoch 1929/30 nach Berlin zurück, als der ganz große Erfolg in den USA ausblieb.

mich, was ich sprechen wollte, und ich erklärte sofort: ›Faust!‹ Reinhardt war daraufhin so interessiert, daß er gelangweilt aus dem Fenster sah.

Jedenfalls erhielt ich einen Volontärvertrag mit der Stargage von 50 Mark monatlich. Dann kam der Krieg. Ich wurde 1915 krank und frontdienstuntauglich. Mitte 1916 schrieb ich an Edmund Reinhardt. Man nahm mich wieder. Ich bekam eine kleine Rolle in einer Uraufführung von Georg Kaiser **Die Koralle**. Dann meldete sich der Film in Gestalt von Richard Oswald.

Man hat mich oft gefragt, wie ich vom Film zum Theater gekommen bin, mit dieser kleinen Vorgeschichte wollte ich zeigen, daß mein Weg umgekehrt vom Theater zum Film geführt hat. Daß ich heute wieder – mit großer Freude! – Theater spiele, bedeutet für mich nur eine Rückkehr zu meinem ursprünglichen Beruf.

Es lebe das Theater, es lebe der Film!«[73]

Auch Fritzi Massary, die vielen Berlinern als das Symbol des Theaterlebens der Kunstmetropole galt, blieb dem Stammtisch bei Änne Maenz treu. Über die große Künstlerin schrieb schon 1922 Kurt Pinthus im »8-Uhr-Abendblatt«:

»Die Massary erinnert in nichts an ihre Kolleginnen, welche mit einigen aufgepappten Schlenkerbewegungen ihr quälend-gequetschtes Gesinge begleiten und jeden ihrer Reize willig preisgeben, außer denen der Stimme und des Menschenspiels.

Die Massary ist sozusagen die Edelsoubrette; das heißt, sie ist das kultivierteste, sublimierteste Exemplar dieser Gattung. Sie ist der Idealfall, denn sie ist gleich vollkommen im Spiel wie im Gesang. Sie führt die Tradition der klassischen Operette zum Gipfelpunkt und gibt noch einiges hinzu, was ihre Vorgängerinnen nicht besaßen: Nämlich das unterirdische Feuer, welches nicht etwa nur Temperament ist, sondern verwandt dem Urgrund jener Kunst der großen dramatischen Heldinnen, und eine liebenswürdige Güte, die sie teils auf ihre Partner, teils ins Publikum strahlt.«[74]

Drei Lokale seien wenigstens noch genannt, in denen die Theater- und Filmwelt häufig verkehrte:

Im Café Wien am Kurfürstendamm saßen die Kabarettleute am Stammtisch von Max Hermann-Neiße; bei Henry Bender in der Bleibtreustraße war Treffpunkt der Komiker um Paul Westermeier; in der Gaststätte Jockey hatte Richard Tauber seinen Stammtisch, hier saßen auch oft die Filmregisseure beim Gespräch mit ihren ausländischen Gästen.

Zwei Stars des Berliner Theaters privat: Der Charakterkomiker Max Pallenberg und seine Gattin, die gefeierte Operettendiva Fritzi Massary. Die beiden Schauspieler hielten über viele Jahre, trotz gelegentlicher Abstecher zu Schwannecke, ihrer Freundin Änne Maenz die Treue. Foto von 1930 während einer Kurzreise in die USA an Bord eines Überseedampfers

73 Wir und das Theater. Ein Schauspielerbildbuch. München 1932, S. 119
74 Kurt Pinthus: Fritzi Massary. In: 8-Uhr-Abendblatt, 18.11.1922. Zit. nach: Kurt Pinthus: Der Zeitgenosse. Marbach 1971, S. 44

Max Hermann-Neiße. Der aus dem schlesischen Neiße nach Berlin gekommene Dichter Max Hermann war als anerkannter Kabarett-Kritiker Stammgast verschiedener Cafés und Lokale. Gemälde von Ludwig Meidner, 1928. Hessisches Landesmuseum, Darmstadt

Max Schlichter. Der Maler zeigt seinen Bruder, den Besitzer des Restaurant Schlichter, mit dem Selbstbewußtsein des erfolgreichen Geschäftsmannes. Gemälde von Rudolf Schlichter, 1931, Privatbesitz, Berlin (West)

»Wenn man damals alle diese Leute traf, war das vollkommen normal – wir lebten einfach so. Erst später, als sie alle berühmt geworden waren, schien es etwas Besonderes, sie zu kennen. Aber wenn man mitten im Geschehen drin ist, merkt man gar nicht, was passiert. Es gefällt einem, was sie machen, aber man ist davon nicht unbedingt überwältigt.

Heute besteht für diese Zeit eine Art von Nostalgie, aber für uns bedeutete es nur, daß wir zusammen lebten und miteinander sprachen und uns bei ›Schlichter‹ trafen. Das war ein wunderschöner, sehr gemütlicher Ort. Nach der Vorstellung saßen wir ganz ungezwungen zusammen, tranken einen vorm Schlafengehen und redeten. Es war ein großartiger Ort zum Klatschen.«[75]

So erinnerte sich die Schauspielerin und Sängerin Lotte Lenya als Siebzigjährige in New York an die »alten« Berliner Jahre. Damals wurde sie fast über Nacht zur unübertroffenen Interpretin eines neuartigen Songstils, den ihr Ehemann Kurt Weill gemeinsam mit Bertolt Brecht 1927 begründet hatte.

Ort der ersten Begegnungen zwischen den beiden war das Restaurant Schlichter in der Lutherstraße.

Zu Beginn der zwanziger Jahre hatte Max Schlichter zunächst in der Marburger Straße sein Restaurant eröffnet, mit dem er Anfang 1925 in die Lutherstraße/Ecke Ansbacher Straße umzog. Das Lokal wurde durch den jüngeren Bruder des Besitzers, den Maler und Zeichner Rudolf Schlichter, rasch in Künstlerkreisen bekannt. Dieser war 1918 nach Berlin gekommen und hatte als Mitglied der Novembergruppe wie des Berliner Dada-Kreises vielfältige Verbindungen zu bildenden Künstlern und Schriftstellern.

Als die Leitung der Großen Berliner Kunstausstellung 1920 die Entfernung zweier Bilder von Otto Dix und Rudolf Schlichter forderte und die Leitung der Novembergruppe sich nicht für ihre Mitglieder einsetzte, war Schlichter unter den zehn Künstlern, die mit einem »Offenen Brief« der Gruppe den Rücken kehrten. Darin hieß es u. a.: »Uns ist das Bekenntnis zur Revolution, zur neuen Gemeinschaft kein Lippenbekenntnis, und so wollen wir mit unserer erkannten Aufgabe Ernst machen: mitzuarbeiten am Aufbau der neuen menschlichen Gemeinschaft der Werktätigen!«[76]

Unter denen, die wie Schlichter sich nun der kommunistischen Künstlervereinigung »Rote Gruppe« anschlossen, waren George Grosz, Otto Dix und Hans Baluschek. Über die Mitarbeit an der satirischen Zeitschrift der KPD »Der Knüppel« kam Schlichter nun auch mit Wieland Herzfelde, dem Leiter des Malik-Verlages, und dessen Bruder

75 Lotte Lenya: Gespräch mit Steven Paul. In: Textheft zur Schallplattenkassette Kurt Weill. Deutsche Grammophon-Gesellschaft 2740153, S. 7

76 Offener Brief an die Novembergruppe. In: Der Gegner, 8/1921, S. 297

George Grosz. Porträtzeichnung von Benedikt F. Dolbin, 1928

Alfred Döblin. Das heute als verschollen geltende Porträt wurde 1929 zusammen mit zwei Szenen aus dem Manuskript **Berlin Alexanderplatz** in der Zeitschrift »Das neue Berlin« abgebildet. Gemälde von Rudolf Schlichter, 1928. Ehem. Besitz der Stadt Berlin (Reproduktion)

John Heartfield zusammen – in der Lutherstraße bei Schlichter traf sich ab 1925 ein Künstlerkreis, der in den Folgejahren bestimmend werden sollte für die Ausprägung einer revolutionären Kunst in der Weimarer Republik, mit dem Zentrum Berlin. Erwin Piscator war hier zu treffen. Egon Erwin Kisch kam gelegentlich vorbei, und seit seinem Umzug von München nach Berlin im September 1924 war Bertolt Brecht ein regelmäßiger Gast.

Max Schlichter benutzte das Restaurant als ständige Verkaufsgalerie für die Arbeiten seines Bruders. In allen Räumen hingen die neuesten Gemälde und Zeichnungen von Rudolf Schlichter; übrigens kein Einzelfall damals in Berlin, denn viele junge Künstler nutzten Restaurants und Cafés als Ausstellungs- und Verkaufsmöglichkeiten. Manchen der Stammgäste seines Bruders hat Rudolf Schlichter damals porträtiert – etwa Döblin, Kisch, Brecht, dessen Gattin Helene Weigel, Arnolt Bronnen und den in München wohnenden Oskar Maria Graf. Ihn hatte Schlichter 1926 in den Kaisersälen am Zoo auf einem Kostümball der Novembergruppe, den er gemeinsam mit George Grosz, Wieland Herzfelde und John Heartfield besuchte, kennengelernt. Spontan bat Schlichter den urwüchsigen Graf schon am nächsten Tag in sein Atelier, um ihn zu malen. Graf später: »Der Maler Rudolf Schlichter hat ein Porträt von mir gemalt, und sein Bruder Max, der in der Lutherstraße eine Künstlerkneipe betreibt, hat es sofort an einen Ehrenplatz gehängt.«[77]

Am berühmtesten von diesen Porträts ist wohl das Gemälde geworden, das den »rasenden Reporter« Kisch vor dem Romanischen Café zeigt, die Zigarette nachlässig im Mundwinkel, hinter sich eine Litfaßsäule mit diversen schlagzeilenträchtigen Reportage-Titeln Kischs einschließlich eines Hinweises auf den Erich Reiss Verlag, wo diese in Buchform erschienen. Ebenso bemerkenswert ist das Brecht-Porträt. »[Es] trifft genau den schillernden Charakter und den Hang zur Selbstinszenierung von Brecht, der sich immer effektvoll selbst zu stilisieren wußte. Lederjacke und Lederkrawatte ebenso wie die Zigarre in der Hand oder im Mundwinkel waren die markanten Insignien einer äußeren Erscheinung, die zugleich seine Sympathie für die proletarische Klasse dokumentieren sollten.«[78]

Damals, um 1926/27 begann sich Brecht verstärkt mit soziologischen Problemen der Gesellschaft zu beschäftigen, die ihn sehr bald zum Studium des Marxismus führten. Einer seiner damaligen Freunde, der Soziologe Fritz Sternberg, hat beschrieben, wie er Brecht durch Rudolf Schlichter das erste Mal kennenlernte:

77 Oskar Maria Graf: Gelächter von außen. Aus meinem Leben 1919–1933. München 1983, S. 419

78 Eva Karcher: Das realistische Portrait im Werk von Rudolf Schlichter. In: Katalog Rudolf Schlichter. Berlin (West) 1984, S. 56 a

Egon Erwin Kisch. Der »rasende Reporter« wurde von Schlichter vor dem Hintergrund des Romanisches Cafés sowie einer Litfaßsäule dargestellt, deren Plakate auf Reportagen und Bücher Kischs verweisen. Gemälde von Rudolf Schlichter, 1928. Städtische Kunsthalle Mannheim

»Am Abend gingen wir in ein damals berühmtes Berliner Restaurant, das dem älteren Bruder von Rudolf Schlichter gehörte. Wir aßen dort. Einige Tische weiter bemerkte ich einen Mann, der eine Brille trug und auch zu Abend aß. Er fiel mir auf. Wie er so dasaß, wie er die Hände bewegte, ging von seinem Gesicht und seiner Gestalt etwas Merkwürdiges, Unvergeßliches aus. Ich sagte zu Schlichter: ›Du, Rudi, den Mann möchte ich kennenlernen.‹ Schlichter lachte laut: ›Das ist ja der Brecht‹, antwortete er.«[79]

Im März 1927 erhielt der Komponist Kurt Weill vom Festival Deutsche Kammermusik Baden-Baden den Auftrag für eine Kurzoper. Auf der Suche nach einem geeigneten Libretto war ihm der gerade erschienene Gedichtband **Die Hauspostille** von Brecht in die Hände gefallen, der als »Vierte Lektion« sogenannte Mahagonnygesänge enthielt. Diese wollte Weill zu einem Songspiel auskomponieren. Dazu war freilich Brechts Meinung und Zustimmung nötig.

Weill wohnte damals zusammen mit Lotte Lenya in der Pension Hassforth am Luisenplatz, nahe dem Charlottenburger Schloß. Als sie sich bei Freunden erkundigten, wo man denn Brecht treffen könnte, nannte man ihnen das Restaurant Schlichter. Es war ein Aprilabend des Jahres 1927, als dort die erste Begegnung von Brecht und Weill stattfand, der eine vierjährige intensive Zusammenarbeit folgen sollte.

Bertolt Brecht und Kurt Weill im Theater am Schiffbauerdamm. Sie waren sich im Frühjahr 1927 zum ersten Mal im Restaurant Schlichter begegnet. Dieses Foto, das im Sommer 1928 während der Proben zur **Dreigroschenoper** gemacht wurde, ist eines der ganz wenigen, auf denen beide zusammen abgebildet sind.

79 Fritz Sternberg: Der Dichter und die Ratio. Erinnerungen an Bertolt Brecht. Göttingen 1963, S. 7

Bertolt Brecht. Der mit dem Dramatiker befreundete Maler hat den Achtundzwanzigjährigen hier porträtiert, noch ehe Brecht mit dem Gedichtband **Die Hauspostille** 1927 und der **Dreigroschenoper** 1928 zu einem der bekanntesten Dichter Berlins wurde. Gemälde von Rudolf Schlichter, 1926. Städtische Galerie im Lenbachhaus, München

Brecht akzeptierte Weills Plan für das Songspiel, unter dem Titel **Mahagonny** stellten es die beiden im April fertig; die Uraufführung im Juli in Baden-Baden geriet vor dem bürgerlichen Publikum des Musikfestivals zum Skandal. Brecht und Weill aber hatten weitere Zusammenarbeit am Stoff vereinbart, sie wollten ihn zu einer großen epischen Oper ausformen. Doch Anfang 1928 kam es zu einer folgenreichen Unterbrechung dieser Arbeit. Sie nahm ihren Anfang wiederum im Restaurant Schlichter.

Der junge Berliner Schauspieler Ernst Josef Aufricht hatte damals von einem Onkel 100000 Mark geerbt und beschlossen, mit diesem Geld Theaterdirektor zu werden. Er mietete das gerade vakante Theater am Schiffbauerdamm, engagierte zwei Dramaturgen, eine Anzahl Schauspieler sowie den Regisseur Erich Engel. Als Termin für die Eröffnungspremiere der »Direktion Aufricht« wurde der 31. August 1928 festgelegt. Was nun nur noch fehlte, war ein geeignetes Stück. Aufricht selbst schrieb darüber:

»Wir klapperten alle Bühnenvertriebsstellen ab. Bei Bloch Erben offerierte man mir als Uraufführung den noch nicht gespielten Hasenfellhändler von Hermann Sudermann. Ich nahm das Buch, ging die Treppe herunter und warf es in einen Papierkorb am Nikolsburger Platz, wo seinerzeit der Verlag domizilierte.

Ich machte bei dem Verlag Die Schmiede eine Anzahlung von 2000 Mark auf eine unfertige Komödie von Georg Kaiser Mississippi und bei dem Dreimaskenverlag eine Anzahlung von 1000 Mark auf ein unfertiges Stück von Paul Raynal.

Die Besuche bei den Verlegern waren negativ verlaufen. Wir suchten jetzt die in Berlin lebenden Autoren auf. Wir gingen zu Toller, Feuchtwanger und anderen, aber keiner hatte ein fertiges Stück.

›Ich muß mich umbringen, wenn ich nichts finde! Jetzt können wir nur noch in die Künstlerlokale zu Schwannecke oder zu Schlichter gehen.‹

Wir gingen also zu Schlichter in die Lutherstraße.

An den Wänden hingen die Bilder des Malers Rudolf Schlichter, des Bruders des Restaurateurs, zum Verkauf. Im zweiten Zimmer saß einer. Es war Brecht.

Ich kannte ihn nicht persönlich, kannte aber seine literarischen Experimente auf der Bühne und schätzte seine Gedichte.

Sein langes Gesicht hatte oft den asketischen Ausdruck eines Mönchs, manchmal die Durchtriebenheit eines Galgenvogels. Er hatte dunkle stechende Augen, die gierig und hungrig alles, was sich ihnen

Lotte Lenya und Harald Paulsen. Sie spielten in der Berliner Erstaufführung der Oper **Aufstieg und Fall der Stadt Mahagonny** am 21. Dezember 1931 im Theater am Kurfürstendamm (Regie und Ausstattung: Caspar Neher, Musikalische Leitung: Alexander von Zemlinsky). Zusammen mit ihrem Gatten Kurt Weill war die Lenya ständiger Gast bei Schlichter.

Roma Bahn. Sie spielte die Polly in der Uraufführung der **Dreigroschenoper** am 31. August 1928 im Theater am Schiffbauerdamm (Regie: Erich Engel, Musikalische Leitung: Theo Mackeben, Bühnenbild: Caspar Neher).

anbot, aufsaugten. Er war dürr, mit abfallenden Schultern. Seine ungepflegte proletarische Aufmachung mit Mütze, Joppe und nacktem Hals habe ich immer für Brechtsche ›Verfremdung‹ gehalten. Obwohl sein Äußeres eher abstieß, war er anziehend.

Wir setzten uns zu ihm an den Tisch und stellten unsere Gretchenfrage. Er fing an, uns eine Fabel zu erzählen, an der er gerade arbeitete. Er merkte wohl, daß wir nicht interessiert waren, denn wir verlangten die Rechnung.

›Dann habe ich noch ein Nebenwerk. Davon können Sie morgen sechs von sieben Bildern lesen. Es ist eine Bearbeitung von John Gay's Beggar's Opera. Ich habe ihr den Titel Gesindel gegeben. Die Beggar's Opera wurde 1728 uraufgeführt, nicht in London, sondern in einer Scheune in einem Vorort, sie behandelte verschlüsselt einen Korruptionsskandal: der berüchtigte Gangster ist mit dem Polizeipräsidenten befreundet und macht mit ihm Geschäfte. Der Gangster stiehlt einem sehr mächtigen Mann die einzige Tochter und heiratet sie. Der Mann ist der Chef der Bettler, er kleidet sie, bildet sie aus und stationiert sie nach ihren Qualitäten. Das Ende steht im siebenten Bild, das ich nur skizziert habe.‹

Diese Geschichte roch nach Theater. Wir verabredeten, am nächsten Morgen das Manuskript aus der Spichernstraße, wo Brecht ein möbliertes Zimmer bewohnte, abzuholen.«[80]

Was folgte, ist längst Theatergeschichte unseres Jahrhunderts. Nach hektischen Probenwochen – Lion Feuchtwanger hatte für das Stück **Gesindel** den wirkungsvolleren Titel **Die Dreigroschenoper** vorgeschlagen, was Brecht und Weill sofort akzeptierten –, geriet die Premiere am 31. August 1928 zu einem triumphalen Erfolg, den keiner der Beteiligten auch nur im entferntesten vorausgeahnt hatte. Aufricht selbst glaubte schon, sich heimlich nach einem neuen Stück umsehen zu müssen. Doch dies war nicht nötig: Innerhalb von nur einem Jahr trat die **Dreigroschenoper** ihren Siegeszug über die Bühnen Deutschlands und Europas an, bis 1930 registrierte der Verlag mehr als 10000 Vorstellungen des Stücks. Überall auf den Straßen, in Restaurants und Bars wurden die Songs gesungen und gepfiffen, die bis heute nichts von ihrer Eingängigkeit und Aggressivität verloren haben.

Im Theater am Schiffbauerdamm lief die **Dreigroschenoper** en suite ein ganzes Jahr lang – an manchem Abend saßen die Beteiligten hinterher bei Schlichter und feierten den anhaltenden Erfolg, der nicht nur Aufricht große Einnahmen bescherte, sondern auch die finanzielle Situation der Autoren Brecht und Weill entscheidend veränderte.

Kurt Tucholsky (links) und Walter Hasenclever. Die beiden Schriftsteller hatten sich 1924 in Paris kennengelernt und waren von da an gute Freunde. 1932 schrieben sie gemeinsam die Komödie **Christoph Kolumbus oder Die Entdeckung Amerikas**. Oft auf Reisen, traf man sie während ihrer Berlinaufenthalte doch regelmäßig im Romanischen Café. Foto von 1925

80 Ernst Josef Aufricht: Erzähle, damit du dein Recht erweist. München 1969, S. 54 f.

Auch Kurt Tucholsky, der »Mann mit den 5 PS«, war, wenn er nicht gerade für längere Zeit in Paris lebte, häufiger Gast bei Schlichter. Zu Brecht hatte er ein ambivalentes Verhältnis. Sosehr er in mancher Rezension der »Weltbühne« dessen neuartiges Theaterkonzept hervorhob, so heftig glossierte er Brechts laxen Umgang mit geistigem Eigentum, wenn dieser etwa Verse von François Villon und Rudyard Kipling einfach übernahm. Am 1. Oktober 1930 erschien dazu in der »Weltbühne« ein Gedicht von Theobald Tiger:

LIED DER COWGOYS

»Damn!«
Rudyard Brecht

Ramm! – Pamm!
Ramm – pammpammpamm!
Wir stammen vom Mahagonny-Stamm!
Wir sind so fern und sind so nah!
Wir stammen aus Bayrisch-Amerika.
Ahoi geschrien!

Das Café als Kunstgalerie. Wie dieses Foto eines nicht näher bezeichneten Berliner Cafés aus dem Jahre 1932 zeigt, wurden nicht nur im Restaurant Schlichter Malerei und Grafik zum Kauf angeboten.

Wir sind keine Wilden – wir tun nur so!
Wir haben Halbfranz auf dem Popo!
Und wir sind auch nicht trocken – gar keine Spur, ah ...!
In Estremadura!
In Estremadura!
In Estremadura – !

Solcherart Attacke hinderte freilich nicht daran, daß man manches Mal gemeinsam feierte. Berühmt waren die Kostümfeste, die Max Schlichter veranstaltete. Sie fanden für geladene Gäste im großen Hinterzimmer des Restaurants statt. Ein »Festkomitee« legte vorher genau den Teilnehmerkreis fest. Eine Einladungskarte zu solch einem »Schlichterball«, unterschrieben von Max und Rudolf Schlichter, John Heartfield, Bertolt Brecht und dem Maler Xaver Schaffgotsch hat im Besitz von Lisa Matthias die Zeiten überdauert. Die Matthias war damals für mehrere Jahre Tucholskys Gefährtin, Geliebte und Vorbild für die berühmt gewordene Figur des Urberliner »Lottchen«. Sie erinnert sich:

»Dienstag war ein entzückender Ball – siehe Einladungskarte. Die ganze Prominenz war da: Bert Brecht, Toller, Burschell, George Grosz, Herzfelde, Huelsenbeck, Xaver Schaffgotsch usw. U. a. auch der von mir sehr geliebte Peter Panter alias Kurt Tucholsky. Er ist ein reizender Kerl. Furchtbar vergnügt und beinahe zu witzig.« Und so wurde Lisa Matthias eingeladen:

»s.b.b.s. (schlichter ball bei schlichter)
in den hinteren räumen des restaurant schlichter (ansbacher straße 46, fernruf amt steinplatz 15610, beste schlichte schwäbische küche) findet am dienstag, den 25. jänner 1927, abends 9 h ein schlichter ball statt, der gleichgesinnte elemente und solche, die es werden wollen, vereinigen soll. schlichtes kostüm, schlichte gesinnung, schlichte preise.

die schlichter:
Heartfield Max Schlichter
Rudolf Schlichter brecht
Xaver Schaffgotsch

geschlossene gesellschaft
diese karte gilt als ausweis
das schlichteste kostüm
wird schlicht prämiert«[81]

81 Lisa Matthias: Ich war Tucholskys Lottchen. Hamburg 1962, S. 30

Rudolf Schlichter mit seiner Gattin Speedy. Foto von 1928

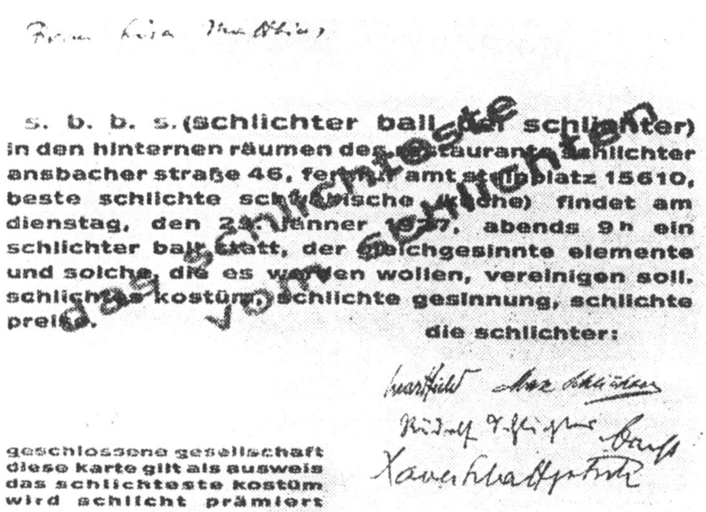

s. b. b. s. (schlichter ball der schlichter) in den hinternen räumen des restaurants schlichter ansbacher straße 46, fernruf amt steinplatz 15610, beste schlichte schwäbische küche) findet am dienstag, den 25. jänner 1927, abends 9h ein schlichter ball statt, der gleichgesinnte elemente und solche, die es werden wollen, vereinigen soll. schlichtes kostüm, schlichte gesinnung, schlichte preise.

die schlichter:

geschlossene gesellschaft
diese karte gilt als ausweis
das schlichteste kostüm
wird schlicht prämiert

das schlichteste vom schlichten

Einladungskarte zu einem Ball im Restaurant Schlichter am 25. Januar 1927

1927 lernte Rudolf Schlichter seine spätere Gattin Speedy kennen. Als die beiden 1928 heirateten – George Grosz fungierte als Trauzeuge – gab es eine große Hochzeitsfeier im Restaurant Schlichter. Speedy Schlichter wurde in den folgenden Jahren das bevorzugte Modell für den Maler. 1931 hat Schlichter in seinem autobiographischen Roman **Zwischenwelt** die erste Begegnung mit ihr beschrieben:

»Da geschah es eines Tages, daß er in einem Café in Gesellschaft von Freunden einer jungen Frau begegnete, deren Gesicht und Gestalt einen tiefen Eindruck auf ihn machten und die, als sie den Mund zum Sprechen öffnete und in wohlklingender französischer Sprache einige Worte an ihn richtete, wie mit einem Zauberstab jene längst versunken geglaubte Welt in ihm heraufbeschwor, deren Existenz er vor einigen Minuten noch heftig bestritten und als bürgerliche Gefühlsduselei verächtlich abgetan hätte. Eine heiße Welle von Liebe stieg in ihm auf.«[82]

Der Kreis um Brecht, Grosz und Weill traf sich auch nach dem Erfolg der **Dreigroschenoper** weiter bei Schlichter. Ab Mitte 1929 stieß Walter Benjamin dazu, später (nach Brechts Trennung von Weill 1930) auch Hanns Eisler.

In einem Brief Benjamins heißt es im Juni 1929: »Ich habe einige nennenswerte Bekanntschaften gemacht – Ad 1 die nähere mit Brecht (über den und über die viel zu sagen ist).«[83] Knapp zwei Jahre später, im April 1931, schrieb Benjamin über das neue ästhetische Konzept, an dem er mit Brecht arbeitete, daß es eine Stellung markiere, »die eine kleine aber wichtigste Avantgarde hier zurzeit besetzt hält. Vieles von dem, was mich dazu geführt hat, mich mehr und mehr mit Brechts Produktion solidarisch zu machen, ist gerade ... in jener ... Produktion selbst.«[84]

Worum es hier geht, ist eine neue Funktionsbestimmung von Kunst als eingreifendes gesellschaftliches Moment, verändernd sowohl die Kunstproduktion als auch ihre gesellschaftliche Basis.

In der Weimarer Republik konnte diese revolutionierende Materialästhetik kaum noch zur Wirkung gelangen. Sie ist eines jener Konzepte, die als produktives Erbe der zwanziger Jahre bis weit in die Gegenwart hineingreifen.

Bei Schlichter in der Lutherstraße haben dazu viele streitbare Gespräche stattgefunden.

82 Rudolf Schlichter: Zwischenwelt. Berlin 1931, S. 23
83 Walter Benjamin an Gerhard Scholem, Berlin 6. 6. 1929. In: Walter Benjamin: Briefe. Bd. 2. Frankfurt a. Main 1966, S. 492
84 Walter Benjamin an Gerhard Scholem, Berlin 17. 4. 1931. In: Ebenda, S. 530

Szene im Café. Diese Illustration schuf Rudolf Schlichter zu dem autobiographischen Roman **Zwischenwelt**, den er 1931 im Ernst Pollak Verlag Berlin veröffentlichte.

Berlins »erste Adresse«: das Hotel Adlon Unter den Linden. Umschlag einer Werbebroschüre von 1927

ADLON EDEN & KEMPINSKI

NOBEL-LOKALE DER DICHTER-ARISTOKRATEN

Zu ihrer Lessingfeier im Januar 1929 verpflichtete die Preußische Akademie der Künste zwei Hauptredner: den Literaturhistoriker Julius Petersen und Thomas Mann. Letzterer fragte wenige Tage vor dem Ereignis noch einmal vorsorglich bei Petersen an: »Sehr verehrter Herr Professor, ... Ziehen Sie den Frack an zu der Feier?«[85]

Nur wenige der bisher in unserem Buch genannten Schriftsteller konnten ein solches Kleidungsstück ihr eigen nennen. Wenn sie dennoch gelegentlich an bestimmten gesellschaftlichen Ereignissen teilzunehmen hatten, wurden Smoking oder Frack bei einem Kleiderverleih ausgeborgt.

Nicht so Thomas Mann und Gerhart Hauptmann: Beide repräsentierten die Dichtung der Weimarer Republik nach innen und außen, die Verleihung des Nobelpreises für Literatur (an Hauptmann schon 1912, an Thomas Mann 1929) war Ausdruck ihrer internationalen Anerkennung und Wertschätzung. Obwohl beide immer wieder betonten, sich nichts aus solcher Ehrung zu machen – Thomas Mann im Januar 1930: »Im Übrigen bin ich nicht der Mann, dem so etwas wie Stockholm in die Krone fährt! Es ist ja in Wahrheit alles beim Alten geblieben, und die lächerliche Gefahr des Dünkels könnte man höchstens im Ruhestande laufen.«[86] –, genossen sie dennoch ihren Ruhm, und die beträchtlichen Einkünfte durch ihre Werke erlaubten es ihnen, einen angemessenen Lebensstil zu pflegen.

Sowohl Gerhart Hauptmann, der abwechselnd im schlesischen Agnetendorf, auf Hiddensee und in Italien lebte, als auch der Münchner Thomas Mann waren häufig zu den verschiedensten Anlässen für kürzere oder längere Zeit in Berlin. Stets residierten sie dann in der Nobeladresse der Hauptstadt: im Hotel Adlon Unter den Linden, unmittelbar am Brandenburger Tor.

Dieses Hotel war 1907 von Lorenz Adlon gegründet worden und galt noch in den zwanziger Jahren als der Inbegriff von Eleganz und Luxus. Eingeweiht von Kaiser Wilhelm II., war das Adlon sowohl offizielles Quartier für Staatsgäste und Diplomaten als auch Domizil für internationale Berühmtheiten aus Wirtschaft, Wissenschaft und Kultur während ihrer Berlinaufenthalte. Die Suiten 101 – 114 im ersten Stock bildeten die sogenannte Prominenten-Ecke. Ob Charlie Chaplin (1929) oder die sowjetische Diplomatin Alexandra Kollontai (1926) – alle wohnten sie dort.

Das imposante Gebäude verfügte im Erdgeschoß und im 1. Stock über mehrere Restaurants und Salons, in denen man ungestört und in der gediegenen Atmosphäre von kostbarem Marmor und eleganter

85 Thomas Mann an Julius Petersen, München 11. 1. 1929. In: Thomas Mann: Briefe 1889–1936. Berlin 1965, S. 318
86 Thomas Mann an Maximilian Brantl, Ettal 7. 1. 1930. In: Ebenda, S. 331

Berühmt war der tägliche Tanztee im Wintergarten des Hotels Adlon, ein Treffpunkt des mondänen Berlin. Foto von 1926

Holztäfelung sitzen konnte. Die besondere Attraktion des Hotel Adlon war der Wintergarten, ein voll verglaster Raum, von dem aus man in den Innenhof gelangte. Der tägliche Tanztee, zu dem das Orchester Marek Weber aufspielte, galt in Berlin als das Nonplusultra mondäner Nachmittagsunterhaltung. Auch am Abend lud das Adlon zum Tanz ein. Die elegante Bar des Hauses, nach amerikanischem Vorbild eingerichtet, öffnete bereits am frühen Nachmittag und war Treffpunkt für Stammgäste des Hauses wie für prominente Besucher der Stadt.

Gerhart Hauptmann, dessen 70. Geburtstag 1932 mit der Verleihung der Staatsmedaille für Kunst und Wissenschaft in Berlin festlich begangen wurde, kam jedes Jahr ein- bis zweimal zu Premieren seiner Stücke in die Hauptstadt, auch zu offiziellen Feiern und Jubiläen, bei denen er als Redner oder Ehrengast fungierte. Mit seiner markanten Erscheinung, seinem »Goethe-Kopf«, war er weithin bekannt – und auch Gegenstand zahlreicher Anekdoten. Oft ging er frühmorgens vom Adlon aus im nahegelegenen Tiergarten spazieren. Einmal überschritt er dabei eine Raseneinfassung. »He, Sie da!«, rief der Parkwächter, »bleiben Sie gefälligst auf dem Weg!«

»Aber wissen Sie denn nicht, wer ich bin?«

Darauf der Ordnungshüter: »Ja, ja, ick weeß: Joethe. Aber deshalb dürfen Sie noch lange nich den Rasen zertrampeln!«[87]

Im Oktober 1927 inszenierte Max Reinhardt im Deutschen Theater **Dorothea Angermann**. Zur Premiere war Hauptmann angereist. An die kleine Feier danach, die Reinhardts Dramaturg Felix Hollaender arrangiert hatte, erinnert sich sein Neffe Friedrich:

»Dreiviertel zwölf. Jetzt hört man Stimmen ... Onkel Felix hält die Tür auf. Goethe tritt ein. Aber wirklich! Nu ju ju, nu nee nee! Er wird ihm immer ähnlicher! Hinter ihm werden einige Damen sichtbar. Man beachte: hinter ihm! Ungeschriebenes Protokoll. Er wehrt sich auch nicht, Olymp ist Olymp! Reinhardt hilft Werner Krauss aus dem Mantel. Nicht umgekehrt! Auch eine Art heilige Handlung. Reinhardt braucht Krauss. Krauss braucht den anderen auch, aber um eine Mantel-Ausziehspur weniger. Eine feine Nuance. Beide kennen sie, und beide lächeln. Es folgen, in der Reihenfolge ihrer Auftritte: Frau Hauptmann, Frau Krauss, Oskar Homolka, Gertrud Eysoldt, Friedrich Kayssler, Helene Thimig. Helene, Helene! Es wird Champagner gereicht.«[88]

Im Hotel Adlon wurde auch 1928 die Vermählung von Hauptmanns Sohn Benvenuto mit einer Prinzessin von Schaumburg-Lippe gefeiert. Dazu notierte der Schriftsteller, Diplomat und Bibliophile Harry Graf Kessler, oft Gast bei Hauptmann:

Anzeige im »Berliner Journal« von 1927. Das Orchester Marek Weber gehörte zu Berlins populärsten Tanzmusik-Formationen. Für Electrola spielte es in den Jahren 1925 bis 1932 zahlreiche Schallplatten mit den neuesten Schlagern ein.

87 Nach: R. A. Stemmle: Die Zuflöte. Berlin 1940, S. 63
88 Friedrich Hollaender: Von Kopf bis Fuß. Berlin 1967, S. 142

»Abends bei Gerhart Hauptmann im Adlon gegessen. Zuerst ganz allein mit Gerhart Hauptmann und Grete; nachher kam das Brautpaar. Sie ist ... wirklich schön: Ein Apollo-Kopf, altgriechisch, jeder Zoll eine ›Prinzessin‹; sie fällt aus der Familie Hauptmann, die daneben recht bürgerlich aussieht, ganz heraus.«[89]

Solche Charakterisierung war sicherlich nicht nach Hauptmanns Geschmack, ebensowenig wie die oft kolportierte Anekdote aus dem Jahre 1929, als der Dichter wieder einmal anläßlich der Premiere von **Kollege Crampton** an der Volksbühne in Berlin weilte. Beim Verlassen des Hotels Adlon sprach ihn ein Mann an: »Gerhart Hauptmann?« »Ja, bitte?« »Kennst du mich denn nicht mehr?« Der Dichter überlegt kurz und bedauert. Darauf der andere: »Du kennst mich nicht mehr? Mettge. Karl Mettge. Wir waren doch in Breslau Banknachbarn auf der Realschule.« Hauptmann scheint sich zu besinnen. Da klopft ihm der Mann auf die Schulter: »Sag mal, Hauptmann, was hast du denn die ganzen Jahre so gemacht?«[90]

Häufiger noch als Hauptmann wohnte Thomas Mann im Adlon. Seine Geschäfte im Senat der 1926 gegründeten Sektion Dichtkunst an der Preußischen Akademie der Künste, sein Engagement in der Paneuropabewegung sowie seine glänzende Rednergabe, die ihm Einladungen

Thomas Mann zeigte sich mit seiner Gattin Katia 1929 vor dem Hauptportal des Hotels Adlon, »auf der Durchreise zur Entgegennahme des Nobelpreises in Stockholm«, wie der Fotograf vermerkte.

89 Tagebucheintragung, Berlin 4.7.1928. In: Harry Graf Kessler: Tagebücher 1918 bis 1937. Frankfurt a. Main 1982, S. 596
90 Nach: R. A. Stemmle: Die Zuflöte. Berlin 1940, S. 44

zu diversen Gelegenheiten einbrachte, führten ihn immer wieder nach Berlin. Natürlich machte er auch 1929 auf der Hin- und Rückreise zur Nobelpreisverleihung Station im Adlon. Hier mußte er eine Unzahl Pressevertreter, Bittsteller und Besucher empfangen – es war schließlich 17 Jahre her, daß ein deutscher Dichter den Preis erhalten hatte! In den Monaten zuvor war es zu dem üblichen Gerangel gekommen, noch wenige Wochen vor der Verleihung schrieb der Kandidat Mann etwas verunsichert an Hauptmann:

»Lieber verehrter Gerhart Hauptmann: ... Da wir bei Preisen sind: was sagen Sie zu der weitverbreiteten Nachricht, daß dank der Propaganda einer Oberlehrer-Clique, die ihn vorgeschlagen hat, Arno Holz den Nobelpreis erhalten soll? ... Ich würde eine solche Preiskrönung absurd und skandalös finden und bin überzeugt, daß ganz Europa sich in voller Verständnislosigkeit an den Kopf greifen würde. Seien Sie versichert, daß ich sachlich spreche: ich habe zu leben und würde zum Beispiel unserer klugen und bedeutenden Ricarda Huch den Preis von Herzen gönnen. Aber Holz?! Es wäre ein wirkliches Ärgernis.«[91]

Doch dazu sollte es nicht kommen. Kurz darauf lebte Thomas Mann, wie er Sigmund Freud mitteilte, »im Trubel einer dank den Herdeninstinkten der Welt katastrophal angeschwollenen Korrespondenz.«[92]

Gerhart Hauptmann mit seiner Gattin und dem Sohn Benvenuto. Foto von 1932

91 Thomas Mann an Gerhart Hauptmann, München 15.10.1929. In: Thomas Mann: Briefe 1889–1936. Berlin 1965, S. 328
92 Thomas Mann an Sigmund Freud, München 3.1.1930. In: Ebenda, S. 330

Ende 1930 überschritten seine **Buddenbrooks** bei S. Fischer die Auflagenhöhe von einer Million Exemplaren. Sieht man von einigen Trivialautoren ab, so gelang dies nur noch einem einzigen weiteren Werk während der Jahre bis 1933: Erich Maria Remarques Roman **Im Westen nichts Neues**.

Ist vom Nobelhotel Adlon die Rede, so betritt erneut der »Ahasver aller Kaffeehausliteraten«, Anton Kuh, die Bühne. Er bewohnte ab Ende 1930 ein Zimmer im Hotel und speiste dort auch regelmäßig, ohne daß ihm je eine Rechnung präsentiert wurde – die er ohnehin nicht hätte bezahlen können. Wie es zu dieser außergewöhnlichen Geschäftspraxis des Besitzers Louis Adlon kam, erzählt dessen Gattin Hedda:

»Ins Adlon kam Kuh auf Grund einer merkwürdigen Wette. Damals, im Jahre 1930, hatte der amerikanische Schriftsteller Sinclair Lewis den Nobelpreis erhalten. Auf der Rückreise von Stockholm wohnte er im Adlon. Unser alter Stammgast, der Verleger Ernst Rowohlt, hatte Lewis zu uns gebracht. Eines Tages saßen Rowohlt und Lewis in der Bar, als Anton Kuh im Adlon erschien. Kaum betrat er die Bar, rief Rowohlt: ›Ausgezeichnet, daß Sie kommen, Kuh, Sie können uns helfen!‹

›Wieviel Geld brauchen Sie?‹ fragte Kuh voll Selbstironie. Rowohlt lachte schallend: ›Wollen Sie Ihren Vorschuß zurückzahlen?‹

Zwischen Rowohlt und Lewis lag ein ungeheurer Stapel Briefe, da die Zeitungen vom Aufenthalt des Nobelpreisträgers in Berlin berichtet hatten. Lewis konnte sie nicht lesen, und so hatte er Rowohlt gebeten, dies für ihn zu tun. Nun saßen sie beide in der Bar, Lewis schlitzte die Umschläge auf, Rowohlt überflog den Text und warf die meisten dann in den Papierkorb. Als Kuh jetzt erschien, wurde er sogleich in das laufende Band des Brieföffnens eingeschaltet. Schließlich entwickelte sich daraus ein heftiges Trinkgelage. Spät in der Nacht brachen Lewis und Rowohlt auf. Zurück blieb nur Anton Kuh.

Als die letzte Flasche geleert war, fragte der Ober nach neuen Aufträgen.

›Ich warte, bis der alte Rowohlt wiederkommt!‹

›Dies dürfte wenig Zweck haben‹, erwiderte der Ober, ›Herr Rowohlt ist längst nach Hause gegangen.‹

›Wie?‹, fuhr Kuh auf, ›hat er sich französisch verabschiedet?‹

Der Ober unbewegt: ›Nein, Herr Graf, Herr Rowohlt hat englisch mit seinem Gast gesprochen!‹

Wieder geriet Kuh aus der Fassung. Mit Blick auf die leere Flasche sagte er: ›Dann möchte ich Herrn Adlon sprechen.‹ Louis Adlon wurde verständigt.«

Ernst Rowohlt. Sein 1919 in Berlin gegründeter Verlag gehörte zu den engagiertesten literarischen Unternehmen der Weimarer Republik. Hier erschienen Bronnen und Hasenclever, Polgar und Hessel, Fallada und Tucholsky. Auch der große Romancier Robert Musil wurde von Rowohlt entdeckt und gefördert. Porträtzeichnung von Benedikt F. Dolbin, 1928

Zwecks Begleichung der Zeche schlug nun Kuh Adlon eine schlitzohrige Wette vor. Beide würden sie das gleiche Paar Schuhe vom besten Berliner Schuhmacher tragen, aber Louis Adlon werde beide bezahlen. So geschah es tatsächlich einige Tage später. Kuh hatte bei zwei Firmen je ein Paar Maßschuhe geordert und sie zu einem bestimmten Zeitpunkt ins Hotel Adlon schicken lassen. Dort fing er die Boten ab. Nun schickte er an jede Firma einen Schuh zurück, er müsse geweitet werden und könne sodann mit der Rechnung an Louis Adlon geschickt werden. So erhielt dieser schließlich ein Paar Schuhe und zwei Rechnungen. Lachend mußte Adlon dem Kuh eingestehen, daß dieser die Wette gewonnen hatte. Weiter Hedda Adlon: »So begann die Freundschaft zwischen dem Haus Adlon und Anton Kuh, und es dauerte nicht lange, da siedelte er zu uns über. Er verpflichtete sich dafür, wenn Louis Adlon darum bat, im intimeren Gästekreis Anekdoten zu erzählen.«[93]

Ein zu hoher Preis für noble Verpflegung und Unterkunft? »Es ist zum Kotzen«, soll Kuh danach öfter im vertrauten Kreise geäußert haben, »ich komme mir vor wie ein Hofnarr.«[94] Jedenfalls stieg nach diesem Husarenstück sein Ruhm im Romanischen Café ins Legendäre.

Ähnlich elegant wie im Adlon ging es im Eden-Hotel am Tiergarten zu, direkt gegenüber vom großen Aquarium des Berliner Zoos. Die Bar des Hotels, eine der elegantesten in Berlin, war oft nächtlicher Treffpunkt von Schriftstellern und Künstlern. Auch viele Starschauspieler schauten vorbei, sie mußten vor den hohen Getränkepreisen nicht zurückschrecken. Hier in der Eden-Bar saß gern Heinrich Mann mit dem ihm befreundeten Schauspieler Albert Bassermann, hier verkehrte Gustaf Gründgens, und hier war Erich Maria Remarque nach dem sensationellen Erfolg seines ersten Buches Stammgast.

Wenn von Dichteraristokraten die Rede ist, muß unbedingt des Wieners Karl Kraus gedacht werden. Er war ein Aristokrat des Geistes. Noch bis 1917 regelmäßig unter dem Künstlervölkchen im Café Größenwahn zu finden, sonderte er sich in den zwanziger Jahren mehr und mehr ab, verfeindete sich auch zunehmend mit immer mehr Kollegen.

Seine Vortragsabende Theater der Dichtung, bei denen er entweder aus eigenen Arbeiten las oder seine Nestroy-, Raimund- und Offenbachbearbeitungen vortrug – nur von einem Pianisten begleitet – gehörten zu den unbestrittenen Höhepunkten des Berliner Kunstlebens. Georg Knepler schildert das Vortragsgenie Kraus:

»Er saß an einem Tischchen, dessen Decke den Raum bis zum Boden verbarg. Auf dem Tischchen nichts als der Text. Alles war kon-

Karl Kraus. Porträtzeichnung von Benedikt F. Dolbin, 1928

93 Hedda Adlon: Hotel Adlon. München 1956, S. 318 ff.
94 Géza von Cziffra: Der Kuh im Kaffeehaus. München 1984, S. 23

Karl Kraus während eines seiner berühmten Lese-Abende Theater der Dichtung im Berliner Mozart-Saal. Foto von 1927

zentriert auf den einen Darsteller des Theaters der Dichtung. Kraus' Fähigkeit, verschiedene Figuren mittels Sprechweise, Stimmlage, Gesichtsausdruck, Gebärden der Hände, Arme, der Haltung des Oberkörpers zu charakterisieren, war außerordentlich.«[95]

Vor und nach seinen Auftritten in Berlin saß Kraus an seinem Stammtisch im hintersten Teil des Nobelrestaurants Kempinski in der Leipziger Straße. Nur hier empfing er seine Besucher, mied sämtliche Berliner Künstlerlokale. Ernst Josef Aufricht erinnert sich:

»In der vertrauten Atmosphäre dieses weiträumigen Restaurants, in der er unbemerkt bleiben konnte, aß abends Kraus sein stets gleichbleibendes Menü: gekochtes Rindfleisch, Brühkartoffeln, eine saure Gurke, ein Halbgefrorenes und trank ein helles Bier und zum Abschluß einen Mokka. An seinem Tisch saßen meist dieselben Leute, männliche Begeisterungszofen, die beinahe alle Nummern der ›Fackel‹ auswendig wußten und in einem ekstatisch glückhaften Zustand den Meister bewunderten.

Um zwölf Uhr nachts kam der Geschäftsführer. Die Tafelrunde zahlte, erhob sich und begab sich in ein anderes Lokal, das nachts geöffnet hatte und von dem anzunehmen war, daß dort niemand verkehrte, der Kraus kannte und niemand, den er kannte. Die Nächte, die man mit ihm verbrachte, waren zeitweise mühevoll, wenn Kraus abgespannt war oder nicht interessiert. Er erlaubte nicht, daß man sich entfernte, mit seinem großen Charme hielt er einen zurück.«[96]

Zwischen dem 25. März 1928 und dem 14. November 1932 war Kraus allein 22mal mit seinen Offenbach-Vorlesungen in Berlin zu hören, andere Vortragsabende nicht mitgezählt. Stets saß er dann tage- und nächtelang bei Kempinski. Auch Friedrich Hollaender hat ihn zweimal (1929 und 1931) am Klavier begleitet. Er erinnert sich an eine Probe:

»Ich sehe ihn noch den winzigen Raum durchmessen, Arien und Duette schmetternd, auswendig das Ganze, allen Partien Pariser Leben einhauchend, mit diesem kleinen, amüsierten Lächeln, das ich von den Vortragsabenden her schon kannte ...

Nach solchen Abenden saß man im kleinen Kreis bei Kempinski, Leipziger Straße. Er, mit dem Rücken zur Wand, in ständiger Erwartung eines bübischen Anschlags. Denn der Witz war nur die eine Seite seiner Feder, die andere hieß: Tod den Banditen! Sternstunden: zuzuhören, wenn er sprach. Denn, Wunder, das kaum sich wiederholen wird: er sprach, wie er schrieb. Wie konnte irgendwer so ›druckfertig‹ sprechen?

Eben nicht irgendwer.«[97]

95 Georg Knepler: Karl Kraus liest Offenbach. Berlin 1984, S. 14
96 Ernst Josef Aufricht: Erzähle, damit du dein Recht erweist. München 1969, S. 73 f.
97 Friedrich Hollaender: Von Kopf bis Fuß. Berlin 1967, S. 132

Erich Kästner. Der Dichter kam 1927 nach Berlin, wo das Café Carlton sein erstes Stammlokal wurde. Foto von 1927

Wenn entgegen vielverbreiteter Legenden die wenigsten Schriftsteller ins Café kamen, um dort ernsthaft zu arbeiten, so gab es diesen Typus literarischer Produktion freilich auch. Von zwei grundverschiedenen Autoren, die an Berliner Kaffeehaus- und Restauranttischen bleibende Beiträge zur deutschen und Weltliteratur unseres Jahrhunderts schufen, soll nachfolgend die Rede sein: Erich Kästner und Joseph Roth.

Im Frühjahr 1927 wollte der Redakteur der »Neuen Leipziger Zeitung«, Dr. Erich Kästner, in diesem Blatt ein eben geschriebenes Gedicht veröffentlichen. Es trug den Titel **Abendlied eines Kammervirtuosen**, und die erste Strophe lautete:

Du meine neunte Sinfonie!
Wenn du das Hemd anhast mit rosa Streifen ...
Komm wie ein Cello zwischen meine Knie,
Und laß mich zart in deine Seiten greifen.[98]

Entrüstet lehnte der konservative Chefredakteur ab. Man feierte gerade (am 26. März 1927) den 100. Todestag Ludwig van Beethovens, und ein solches Gedicht widersprach Sitte und Anstand, stellte einen Affront gegen die Öffentlichkeit dar. Daraufhin gab Kästner das Gedicht seinem Studienfreund Erich Knauf, inzwischen Redakteur bei der »Plauener Volkszeitung«, der es prompt mit einer sehr eindeutigen Zeichnung von Erich Ohser (der dritte Erich des ehemaligen Studententrios) druckte.

Natürlich erfuhr man bei der »Neuen Leipziger Zeitung« von dieser Tatsache. Der Eklat war perfekt. Kästner wurde gekündigt, als Theaterkritiker in Berlin (dieser freie Mitarbeiterposten war gerade vakant) könne er ja mit dem Blatt weiterhin verbunden bleiben. Durch solchen »Fußtritt Fortunas«, wie er später die Affäre bezeichnet hat, kam Erich Kästner im Herbst 1927 nach Berlin, ein promovierter Redakteur, vor allem aber Lyriker, der bereits viele Gedichte in Zeitungen und Zeitschriften veröffentlicht und auch für Leipziger Kabaretts geschrieben hatte.

Ein möbliertes Zimmer in der Prager Straße wurde gemietet und unweit davon im Café Carlton das »lyrische Büro«, sprich Stammtisch, eröffnet. Jetzt mußte Kästner zunächst für seinen Lebensunterhalt Sorge tragen. Es begann die Wanderung durch Berliner Redaktionen, die Kontaktaufnahme mit wichtigen Feuilletonverantwortlichen – natürlich im Romanischen Café. Dort gelang es Kästner, mit dem Herausgeber des »Tagebuch«, Leopold Schwarzschild, der auch die Wochenzeitung »Der Montag Morgen« betrieb, den wöchentlichen Abdruck

Café
CARLTON
und
• CAFÉ •
LEON

Konditorei
SCHNEIDER
und
Mampestuben
•
Der Marmortisch als Arbeitsplatz

98 Erich Kästner: Wieso Warum? Berlin 1962, S. 29 – Hier in der für die Buchausgabe Herz auf Taille veränderten Fassung Nachtgesang des Kammervirtuosen

Erich Kästner mit seinem Freund, dem Zeichner Erich Ohser. Foto von 1928

eines Gedichts zu vereinbaren. Für längere Zeit war nun jeden Samstagmorgen Ablieferungstermin. Doch nicht überall behandelte man den jungen Dichter so freundlich. Später erzählte er oft jene Anekdote, die mit seinem ersten Besuch bei Ullstein, in der Redaktion der »B. Z.«, zusammenhängt. Dort war Egon Jacobsohn für das Feuilleton zuständig. Die Gedichte, welche Kästner ihm anbot, fanden nicht seine Zustimmung. »Wir leben in einer harten Welt, die keine Zeit für Gefühle hat!« »Das habe ich heute bemerkt«, seufzte Kästner, »man hat mir in der Straßenbahn meine Aktentasche gestohlen.«

»Wie gemein«, sagte Jacobsohn, »das tut mir leid für Sie. Was war denn drin?« »Meine sämtlichen Gedichte«.

»Oh«, gab Jacobsohn zurück, »das tut mir leid – für den Dieb!«[99] Übrigens bekam Kästner schließlich seine Tasche zurück – wie er stets hinzufügte. Er brauchte sie auch, denn der Leipziger Verlag Weller & Co. plante einen Band mit gesammelter Lyrik.

Kästner saß nun jeden Tag im Café Carlton und stellte sein erstes Buch zusammen, das 1928 mit dem Titel **Herz auf Taille** erschien. Und er hatte angefangen, in einem gänzlich neuen Genre zu schreiben, unterbrochen nur durch Kaffee und »den köstlichsten Mohn- und Apfelstrudel von Berlin«, wie sich Luiselotte Enderle, seine Gefährtin, erinnert.[100]

Der Plan für diese neue Arbeit entstand während einer Einladung bei Edith Jacobsohn, der Witwe des 1926 verstorbenen Begründers der »Weltbühne« Siegfried Jacobsohn. Sie versammelte zu ihren regelmäßigen, »Weltbühnen-Tee« genannten Nachmittagen Mitarbeiter und Freunde des »Blättchens« in ihrem Hause. Edith Jacobsohn war auch Inhaberin des Jugendbuchverlages Williams & Co., wo die **Doktor-Doolittle**-Bände des Engländers Hugh Lofting einen großen Erfolg hatten. »Sie sollten ein Kinderbuch schreiben, Herr Kästner!« Das war die Geburtsstunde von **Emil und die Detektive**, geschrieben im Frühsommer 1928 am Tisch des Café Carlton. Das Buch erschien im Herbst und brachte Kästner durchschlagenden Erfolg.

Gegründet auf eigenen Dresdener Kindheitserlebnissen, siedelte er die Geschichte um Emil, Pony Hütchen, Gustav mit der Hupe und den Dieb Grundeis im Berlin des Jahres 1928 rund um den Nollendorfplatz an. Hier, wie in den bis 1933 folgenden vier weiteren Kinderbüchern schuf Kästner einen unverwechselbaren Kindertyp vom Ende der zwanziger Jahre, »der selbständig, auch selbstbewußt, klug, kooperationsbereit und zupackend sein eigenes Leben vernünftig und furchtlos einrichtet.«[101] Auch als Film und Theaterstück erlangte **Emil und die**

99 Géza von Cziffra: Der Kuh im Kaffeehaus. München 1984, S. 197
100 Luiselotte Enderle: Erich Kästner. Hamburg 1966, S. 45
101 Klaus Doderer: Erich Kästners Emil und die Detektive. In: Festschrift für Horst Kunze. Berlin 1969. Zit. nach: Helga Bemmann: Humor auf Taille. Erich Kästner – Leben und Werk. Berlin 1983, S. 119

Detektive in den nächsten Jahren Berühmtheit. Kästners finanzielle Lage war nun gesichert und seine lyrische Produktion nicht mehr von Redaktionsterminen abhängig. Im Oktober 1929 bezog er in der Roscherstraße in Charlottenburg eine eigene Wohnung. Auch eine eigene Sekretärin, Elfriede Mechnig, wurde engagiert. Sie blieb für mehr als 40 Jahre Kästners Mitarbeiterin. Die »treue Mechnig«, wie er sie oft genannt hat, beschreibt die erste Begegnung mit Kästner im Café Carlton, arrangiert von einer Freundin:

»Er bestellte uns an einem Sonntagvormittag auf eine Caféterrasse. Er arbeitete dort. Was mir auch einigermaßen seltsam vorkam. Ich meinte, Dichter müßten zu Hause in der Wohnung dichten. Ich sah also einen zierlichen jungen Herrn an einem Tisch sitzen. Er lächelte mich freundlich an, wir begrüßten einander. Ich war schüchtern und ziemlich schweigsam. Er auch. Meine Freundin redete. Dann fiel der prophetische Kästnersche Satz: ›Wollen Sie mir helfen, berühmt zu werden?‹«[102]

Nahezu gleichzeitig mit Kästners Gedichtband **Herz auf Taille** war 1928 der Novellenband **Die Liebesehe** von Hermann Kesten erschienen. Beide Autoren waren noch relativ unbekannt, der Emil noch nicht auf dem Markt; beide veröffentlichten in denselben Zeitungen und Zeitschriften; so war es nur natürlich, daß die Namen Kesten und Kästner

Szenenfoto aus der erfolgreichen Verfilmung von **Emil und die Detektive** 1931. Regie führte Gerhard Lamprecht, den »Mann mit dem steifen Hut«, einen Dieb, der von Berliner Kindern gejagt wird, spielte Fritz Rasp.

102 Klaus Doderer: Erich Kästners Emil und die Detektive. In: Festschrift für Horst Kunze. Berlin 1969. Zit. nach Helga Bemmann: Humor auf Taille. Erich Kästner – Leben und Werk. Berlin 1983, S. 124

noch häufig verwechselt wurden. Hermann Kesten hat dazu eine schöne Geschichte überliefert:

»Ein damals namhafter Buchkritiker schrieb im ›Berliner Tageblatt‹ anläßlich meines Novellenbandes Die Liebesehe, er sei nicht ganz so gut wie meine Gedichte in Herz auf Taille, die ihm meinen Namen unvergeßlich gemacht hätten.

Mein alter Verleger Gustav Kiepenheuer, selbst zuweilen zerstreut und also voller Verständnis für zerstreute Leute, rief den alten Fritz Engel an, den Redakteur vom ›Berliner Tageblatt‹, und machte ihm klar, daß Hermann Kesten die Novellen Kestens veröffentlicht habe, und daß Herz auf Taille von Erich Kästner sei, und bat um eine Berichtigung. Diese erschien und machte Kästner zum Autor meiner Novellen und seiner Gedichte.

Arm in Arm traten Kästner und ich vor den in Irrtümern ergrauten Engel hin, um ihn von der verschiedenen realen und poetischen Existenz von uns beiden visuell und akustisch zu überzeugen. Der arme alte Fritz Engel geriet in immer größere Verwirrung, erst hielt er mich für Kästner, dann Kästner für meinen Verleger Kiepenheuer, dann mich für Kästners Verleger Weller, schließlich uns beide für Hochstapler. Er begann an der Realität von meinen Novellen und Kästners Gedichten zu zweifeln.«[103]

Ende September 1928 verlegte Erich Kästner sein »literarisches Büro«. Nach einem Jahr im Café Carlton siedelte er an einen neuen Stamm-Schreibtisch um. Damals hatte das Kabarett der Komiker ein neues Gebäude am Kurfürstendamm/Ecke Lehniner Platz bezogen, nur wenige Schritte entfernt vom imposanten Neubau der Universum-Lichtspiele. Mit diesem Gebäude hatte der Architekt Erich Mendelsohn in neuer funktionaler Bauweise einen Glanzpunkt für Berlin gesetzt. Auch das Gebäude des Kabaretts der Komiker zeichnete sich durch funktionale Sachlichkeit aus. Im ersten Stock beherbergte es das Café Leon mit einer modernen Inneneinrichtung, die die Anregung der Werkstattarbeiten des Bauhauses für die Gestaltung nutzte. Hier fand Kästner das richtige Klima, um fortan seine neuartige, von leiser Melancholie getragene Großstadt-Lyrik zu schreiben. Mit Kurt Robitschek, dem Direktor des KadeKo, verband ihn bald eine feste Freundschaft. In der monatlichen Programmzeitschrift »Die Frechheit« erschienen neueste Gedichte, Trude Hesterberg, Annemarie Hase oder Blandine Ebinger kreierten auf der Bühne Kästnersche Kabarettchansons. Kesten: »Das Kaffeehaus ist sein Büro, die Bar seine Schreibstube. Er steht mittags auf und geht um fünf Uhr morgens zu Bett. Er ist hübsch, ja

Emil und die Detektive. Einbandzeichnung von Walter Trier zu Kästners erstem Kinderbuch im Verlag Williams & Co., Berlin 1928. Große Teile des Manuskripts entstanden im Café Carlton.

103 Hermann Kesten: Meine Freunde, die Poeten. Berlin (West) 1980, S. 209

elegant, ein Tennisspieler, ein Tänzer. Er fehlt in keiner Theaterpremiere. Er ist die Säule vieler literarischer Kabaretts.«[104] Ullstein-Lektor Max Krell über Kästner:

»Man traf ihn in einem Café, einer Bar, passioniert in einem Kabarett, stets das Blöckchen für die aussprießenden Verse zur Hand, und ein Buch, das ihn gerade fesselte; zum Beispiel Chesterton. Da entstand zum Spaß eine Versfolge über einen Mann, der frank und frei auf der Äquatorlinie spazierenging, was auf eine ganz unbekümmerte Weise den Philosophen in Kästner aufrief.«[105]

An seinem Stammtisch im Café Leon entstand eine beachtliche lyrische Produktion, die Kästner in den Bänden **Lärm im Spiegel** (1929), **Ein Mann gibt Auskunft** (1930) und **Gesang zwischen den Stühlen** (1932) gesammelt erscheinen ließ. Das waren Gedichte, die sowohl formal als auch von ihren Gegenständen her neue Töne anschlugen, genau den Atem der Zeit trafen. Diese Kästnersche »Gebrauchslyrik« wurde vom großstädtischen Publikum begierig aufgenommen. »Bürochef und Kontoristin, Fleischermeister und Lehrerswitwe, Obersekundaner und Redaktionsassistent – sie alle fanden in Kästners Versen sich und ihre Art zu fühlen und zu denken. Ihnen war ›Möblierte Melancholie‹ vertraut. Sie verstanden sich auf Großstadteinsamkeit oder Kleinstadtsorgen. Sie waren in Trottoircafés und Nachtbars zu Hause. Sie bevölkerten Büros, Vorstadtstraßen und den ›Ball im Osten‹.«[106]

Schutzumschlag von Erich Ohser zu Kästners Gedichtband **Gesang zwischen den Stühlen**, Deutsche Verlags-Anstalt, Stuttgart 1932

In **Ein Mann gibt Auskunft** steht das Gedicht **Kurzgefaßter Lebenslauf**. Die beiden vorletzten Strophen geben ein lyrisches Selbstporträt Kästners um das Jahr 1930:

Nun bin ich zirka 31 Jahre
und habe eine kleine Versfabrik.
Ach, an den Schläfen blühn schon graue Haare,
und meine Freunde werden langsam dick.

Ich setze mich sehr gerne zwischen Stühle.
Ich säge an dem Ast, auf dem wir sitzen.
Ich gehe durch die Gärten der Gefühle,
die tot sind, und bepflanze sie mit Witzen.

Ein Jahr zuvor hatte Kästner mitten in die lyrische Abfolge des Bandes **Lärm im Spiegel** eine **Prosaische Zwischenbemerkung** gestellt, den Gebrauch seiner Gedichte betreffend:

»Die Lyriker haben wieder einen Zweck. Ihre Beschäftigung ist wieder ein Beruf. Sie sind wahrscheinlich nicht so notwendig wie die

104 Hermann Kesten: Meine Freunde, die Poeten. Berlin (West) 1980, S. 210
105 Max Krell: Das alles gab es einmal. Frankfurt a. Main 1962, S. 199
106 Gerhard Seidel: Nachwort zu: Erich Kästner: Die Zeit fährt Auto. Leipzig 1974, S. 242

Bäcker und die Zahnärzte; aber nur, weil Magenknurren und Zahnreißen deutlicher Abhilfe fordern als nichtkörperliche Verstimmungen. Trotzdem dürfen die Gebrauchspoeten ein bißchen froh sein; sie rangieren unmittelbar nach den Handwerkern.«[107]

Der große Moralist Kästner fing kühl bis sentimental, ironisch bis zärtlich Stimmungen, Straßen, Jahreszeiten in seinen Versen ein; er schrieb über die »verlorenen Mädchen« ebenso wie über die »ganz besonders feinen Damen«. Die deutsche Literatur verdankt ihm auch einige der schönsten Liebesgedichte, wie jene sich so kühl gebende und doch so tief berührende **Sachliche Romanze**, die Geschichte einer zu Ende gegangenen großen Liebe, mit der Schlußstrophe:

Sie gingen ins kleinste Café am Ort
und rührten in ihren Tassen.
Am Abend saßen sie immer noch dort.
Sie saßen allein, und sie sprachen kein Wort
und konnten es einfach nicht fassen.[108]

Angesichts der Zeitereignisse, der sich immer mehr zuspitzenden Krise der Republik schrieb Kästner auch Verse voll scharfer politischer Satire. Er attackierte den Nationalismus:

Wenn wir den Krieg gewonnen hätten,
dann wär der Himmel national.
Die Pfarrer trügen Epauletten.
Und Gott wär deutscher General.

Er verhöhnte reaktionäre Zeitgenossen:

Man sollte kleine Löcher in sie schießen!
Ihr letzter Schrei ist ein dernier cri.
Jedoch sie haben viel zu viel Komplicen,
als daß sie sich von uns erschießen ließen.
Man trifft sie nie.

Immer wieder nahm er den Militarismus aufs Korn:

Kennst Du das Land, wo die Kanonen blühn?
Du kennst es nicht? Du wirst es kennenlernen!
Dort stehn die Prokuristen stolz und kühn
in den Büros, als wären es Kasernen.[109]

Dieses letzte Gedicht war auch eine Paradenummer im politischen Kabarett der Jahre vor 1933. Zur Titelzeile, abgewandelte Übernahme

Umschlag von Walter Trier zu einem Band Berliner Bänkelgedichte von Leo Heller, 1924. Trier gehörte ab 1919 zu den vielbeschäftigten Berliner Pressezeichnern und Illustratoren, er arbeitete für Zeitschriften und Buchverlage, lange bevor er ab 1928 mit seinen Illustrationen zu Kästners Kinderbüchern über die Grenzen Berlins hinaus berühmt wurde.

107 Erich Kästner: Lärm im Spiegel. Leipzig 1929, S. 34
108 Ebenda, S. 3
109 Die drei Texte nach: Erich Kästner: Wieso Warum? Berlin 1962, S. 103, 84, 90

aus Goethes Gedicht **Mignon**, schreibt einer der engagiertesten deutschsprachigen Kabarettisten der achtziger Jahre, Werner Schneyder, der in einer vortrefflichen Analyse die Kästnersche Lyrik auf Möglichkeiten heutigen »Gebrauchs« hin untersucht hat: »Dieser Gedichttitel, diese erste Zeile ist ein Schulbeispiel satirischer Methodik. Die Entweihung der klassischen Zeile verärgert an sich, das neu eingesetzte Wort quadriert den Ärger und die Tatsache, daß die Zeile in ihrem neuen Wortlaut stimmt, macht – je nachdem – schäumend oder betroffen.«[110]

Betroffen waren die Leser auch, als 1931 Kästners Roman **Fabian. Die Geschichte eines Moralisten** erschien. Das Buch – ursprünglich wollte der Autor es **Der Gang vor die Hunde** nennen, was der Verlag ablehnte – gibt eine seismographisch genaue Schilderung der Atmosphäre jener beginnenden dreißiger Jahre in Berlin. »Ein unmoralisches Buch von höchster Moral«, so formulierte Peter Flamm im »Berliner Tageblatt«. Kästner selbst hat rückblickend festgestellt: »Der Roman wollte warnen. Er wollte vor dem Abgrund warnen, dem sich Deutschland und damit Europa näherten.«[111]

Ist von Erich Kästners Büchern die Rede, so muß unbedingt der beiden Zeichner gedacht werden, die zu ihrem Erfolg nicht unwesentlich beitrugen. Der Berliner Walter Trier, seit vielen Jahren ein gesuchter Pressezeichner, Karikaturist und Buchillustrator, schuf die Zeich-

Wohin rollst du, Goebbelchen? Die Karikatur entstand für das demokratische Wochenblatt »Neue Revue«, herausgegeben von Gero von Gontard. Solcherart Ausflüge in die politische Karikatur blieben bei Ohser die Ausnahme. Ab 1935 wurde er als E. O. Plauen mit seinen Bildgeschichten von **Vater und Sohn** zum Erfolgsautor des »arisierten« Ullstein-Verlages. Karikatur von Erich Ohser, 1932

110 Werner Schneyder: Erich Kästner. Ein brauchbarer Autor. München 1982, S. 90
111 Zit. nach: Gerhard Seidel: Fabian als Erzieher? Nachwort zu: Erich Kästner: Fabian. Berlin 1976, S. 229

nungen für **Emil und die Detektive** und danach für alle weiteren Kinderbücher Kästners. Seine das Buch eröffnenden gezeichneten »Steckbriefe« waren kleine Meisterwerke. Der aus Plauen stammende Erich Ohser, mit seinem grimmigen, mitunter etwas an George Grosz gemahnenden Strich, illustrierte die Gedichtbände in unverwechselbarer Art. (Später wurde er als E. O. Plauen Schöpfer der **Vater-und-Sohn-**Cartoons.)

Oft saß man zu zweit oder zu dritt viele Stunden im Café Leon, besprach neue Publikationspläne und Entwürfe und ging danach ins KadeKo. In Erich Kästner hatte Berlin einen »seiner« Dichter gefunden.

Ganz anders als bei Kästner, für den die Stadt ab 1927 fester Wohn- und Arbeitsort wurde, verhielt es sich mit der Beziehung, die Joseph Roth zu Berlin entwickelte. Der aus dem ostgalizischen Brody stammende Österreicher war hier zwischen 1920 und 1933 häufig zu Gast, oft für mehrere Monate, ja ein bis zwei Jahre. Immer jedoch bedeutete Berlin für ihn nur eine Station in seinem ruhelosen Leben, das er zwischen Paris und Wien, Budapest und Frankfurt am Main führte und in dem es keinen »Festpunkt« gab. Berlin war die Stadt, in der zwischen 1924 und 1932 sieben seiner Romane erschienen, in Berlin lebten seine wenigen wirklichen Freunde, hier fühlte er sich zumindest ebenso zu Hause wie in »seinem« Wien.

Joseph Roth war im Jahre 1920 als Sechsundzwanzigjähriger mit seiner Frau Friedl aus der österreichischen Metropole an die Spree gekommen; seine literarische Laufbahn hatte als Journalist begonnen. In Berlin erschien am 30. Juni 1920 in der »Neuen Berliner Zeitung« sein erster Artikel, bald auch fanden sich Beiträge im »Vorwärts« und im »Berliner Tageblatt«. Von Februar 1921 bis September 1922 wurde Roth fester Mitarbeiter im Feuilleton des »Berliner Börsen-Couriers«. Seine dort erschienenen Arbeiten hat er selbst als »wunderbare, bunte Seifenblasen« bezeichnet.[112] Es waren sehr genaue Alltagsbeobachtungen und Skizzen, in brillanter Knappheit zu Papier gebracht.

1923 wurde Roth fester Mitarbeiter der »Frankfurter Zeitung«, die über eine eigene Berliner Redaktion verfügte und deren Feuilletonchef Benno Reifenberg damals erste Kräfte für das Blatt verpflichtete: neben Roth u. a. Siegfried Kracauer und Bernard von Brentano als »Berliner Mannschaft«. Die äußerst finanzkräftige Zeitung schickte Roth in den Folgejahren auf ausgedehnte Reportagereisen durch ganz Europa. Immer wieder aber kehrte er nach Berlin zurück.

Joseph Roth hat hier – wie in vielen anderen Städten – nie eine Wohnung gehabt. Er lebte in Hotelzimmern, unstet, ruhelos. An Stefan

112 Joseph Roth: Werke in drei Bänden. Bd. 3. Köln 1956, S. 293

Zweig schrieb er einmal: »Seit meinem achtzehnten Lebensjahr habe ich in keiner Privatwohnung gelebt, höchstens eine Woche als Gast bei Freunden. Alles was ich besitze sind 3 Koffer. Und das erscheint mir gar nicht merkwürdig. Sondern merkwürdig und sogar ›romantisch‹ kommt mir ein Haus vor, mit Bildern und so weiter.«[113]

Sein Berliner Domizil war das Hotel am Zoo, Kurfürstendamm 25, wo er beständig wohnte und mit dem Personal nach kurzer Zeit familiär verkehrte. Roth war ein ungemein fleißiger Arbeiter. Täglich schrieb er mindestens sechs Stunden. Seine Produktionsweise allerdings dürfte wohl einmalig gewesen sein. Er arbeitete nur im Café oder Restaurant, trank dazu erhebliche Mengen starken Alkohol – und brauchte zum Schreiben Gesellschaft. Erst wenn an seinem Tisch eine lebhafte Unterhaltung in Gang kam, schaltete sich Roth plötzlich aus, zog ein Blatt Papier hervor und begann mit seiner kalligraphisch klaren Schrift zu formulieren. Der Ungar Géza von Cziffra, von Roth stets als »Landsmann« angesprochen, berichtet, wie er einmal mit Ödön von Horvath, gleichfalls »Landsmann«, an Roths Tisch saß. Mitten im Gespräch holte der Dichter ein Blatt hervor: »Ich will jetzt arbeiten, die Herren können sich ruhig dabei unterhalten.« Als die beiden schwiegen, schien Roth die Stille zu stören: »Habt ihr euch nichts zu sagen? Kein Gesprächsstoff, kerem szépen? Los, meine Herren, jetzt unterhalten Sie sich endlich, ich muß arbeiten.«[114]

Joseph Roth. Der Dichter lebte seit Anfang der zwanziger Jahre für längere Zeit in Berlin. Einquartiert im Hotel am Zoo, fand er in den nur wenige Schritte von dort entfernten Mampestuben am Kurfürstendamm sein ständiges Arbeits-, Gesprächs- und Trinkdomizil. Foto von 1929

Zwei Berliner Lokale waren es, in denen Roth die meiste Zeit verbrachte, redete, trank und schrieb: die Konditorei Schneider am Kurfürstendamm/Ecke Schlüterstraße und das Restaurant Mampestuben, Kurfürstendamm/Ecke Joachimsthaler Straße. Beide lagen nicht weit vom Hotel am Zoo entfernt, so daß es auch dann keine Probleme mit dem Heimweg gab, wenn Roth nachts einmal einen schweren Rausch hatte.

Das von den Berlinern kurz Mampestuben genannte Restaurant (eigentlich firmierte es Mampes gute Stuben) gab es zweimal in der Stadt: nahe der Leipziger Straße und am Kurfürstendamm. Dies waren Bier- und Speiselokale mit einem langen Tresen für die Laufkundschaft und ausgedehnten Gasträumen, in deren Nischen man ziemlich ungestört sitzen konnte – das Richtige für den »Gasthausarbeiter« Joseph Roth.

Am 9. Dezember 1923 war Roths erster Beitrag in der »Frankfurter Zeitung« erschienen, schon im Jahre 1924 brachte er es auf 65 teils längere Feuilletons und Reportagen. Zur gleichen Zeit entstand an seinem Stammtisch in den Mampestuben das Manuskript des ersten

113 Joseph Roth an Stefan Zweig, Paris 27.2.1929. In: Joseph Roth: Briefe 1911 bis 1938. Köln 1970, S. 145
114 Géza von Cziffra: Der heilige Trinker. Erinnerungen an Joseph Roth. Bergisch Gladbach 1983, S. 29 f.

Einbandzeichnung von Georg Salter zu Roths Roman **Hotel Savoy**, Verlag Die Schmiede 1924

Romans **Hotel Savoy**, der im Februar und März 1924 als Vorabdruck in der »Frankfurter Zeitung« erschien und im Herbst des gleichen Jahres vom Verlag Die Schmiede, mit dessen Cheflektor Rudolf Leonhard Joseph Roth befreundet war, in Buchform herausgebracht wurde. Viel Grund zum Feiern für Roth, der jetzt zum ersten Male etwas mehr Geld verdiente – und es im gleichen Atemzug mit vollen Händen ausgab. Umgehen mit Geld konnte er sein ganzes Leben nicht. Die Berliner Freunde Ludwig Marcuse und Alfred Beierle, ab 1927 auch Hermann Kesten, haben oft berichtet, wie Roth sie großzügig beschenkte, Lokalrunden gab, Hotelportiers fürstlich belohnte, bis er wieder buchstäblich keinen Pfennig mehr besaß.

In angeregter Runde, aber auch in ganz persönlichen Gesprächen, liebte es Roth zu schwadronieren, Geschichten zu erfinden, Traum und Realität zu vermischen, vor allem was seine Person betraf. »Er hatte die Lust des geborenen Erzählers an Menschen und Geschichten. Aus dem Stegreif erzählte er die reizendsten Geschichten, er trank und sprach, erzählte und kommentierte, machte Witze und schwieg sogar auf unterhaltende Weise«[115], erinnerte sich Kesten. Benno Reifenberg schrieb über das »Phänomen« Roth:

»Er war ein wirklicher Dichter. Er sah mit Staunen seine Figuren von sich aus ohne sein Zutun weiter agieren. Er war umdrängt von drängenden Geistern, die er selbst ins Leben gerufen hatte. Auf solche Art erzählte Joseph Roth, er setzte die Figuren, die in ihm geisterten, ans Licht seiner Romane, und hinfort lebten sie mit ihm, sie gehörten zu ihm wie seine Brüder.«[116]

Einmal erzählte Roth in einer Tischrunde gräßliche Geschichten über seine Erlebnisse in tschechischer Kriegsgefangenschaft, von Hunger, Angst, Todesgefahr – später nachzulesen in seinem Roman **Flucht ohne Ende**. »Am Tisch saß auch Egon Erwin Kisch, der als Vollblutreporter sich vornahm, bei seinem nächsten Prager Aufenthalt die Fakten im Archiv zu recherchieren. Als beide sich danach wiedersahen, knöpfte sich Kisch den Fabulierer vor: ›Im Archiv des 21. Jägerbataillons ist von einem Kriegsgefangenen Roth keine Rede!‹ Zerknirscht gestand Roth seine Erfindungen ein: ›Ich werde das nie wieder erzählen!‹ Und nach kurzer Pause: ›Wenn Sie dabei sind, Kisch!‹«[117]

Berühmt war Roth sowohl bei Schneider als auch in den Mampestuben ob seiner jüdischen Witze, die er mit Vorliebe erzählte. Doch unvermittelt konnte es dabei geschehen, daß er wieder zu seiner Schreibarbeit überging. Roth war ein unerbittlicher Stilist. Nichts haßte er so sehr wie Nachlässigkeit im Umgang mit der Sprache. Seinem

115 Hermann Kesten: Meine Freunde, die Poeten. Berlin (West) 1980, S. 157
116 Benno Reifenberg: Lichte Schatten. Frankfurt a. Main 1953, S. 206
117 Nach: Géza von Cziffra: Der heilige Trinker. Erinnerungen an Joseph Roth. Bergisch Gladbach 1983, S. 49

Werbung des Kiepenheuer Verlages für Joseph Roths Roman **Hiob**, 1930

Aus dem Brief von Joseph Roth an den Verleger Gustav Kiepenheuer vom 16. Juli 1930: »Es geht mir außerordentlich schlecht, schlechter als je in diesem ganzen Jahre. Alles mißglückt. Gar kein Geld. Vom Verlag kann ich kaum noch was haben. Es ist leer, leer, kalt, Krise. (...) Wenn mich Hiob nicht heraus reißt, muß ich mich einfach umbringen.«

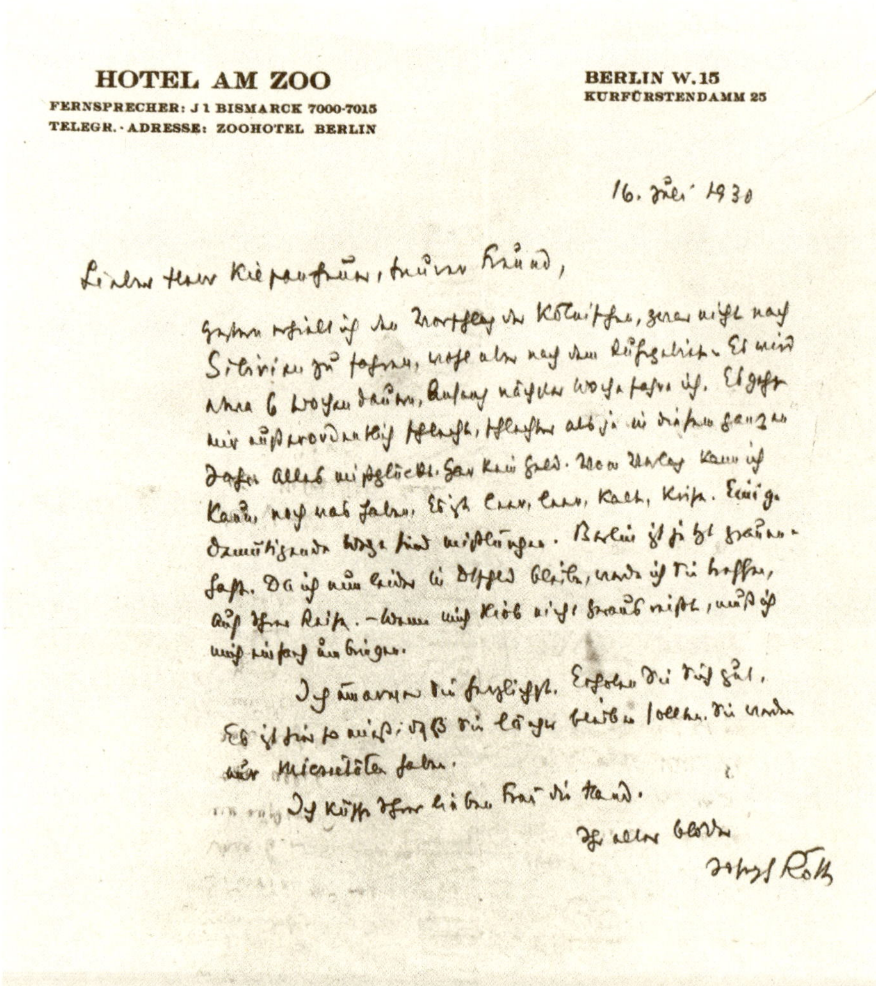

HOTEL AM ZOO

FERNSPRECHER: J 1 BISMARCK 7000-7015
TELEGR.-ADRESSE: ZOOHOTEL BERLIN

BERLIN W. 15
KURFÜRSTENDAMM 25

16. Juli 1930

Lieber Herr Kiepenheuer, teurer Freund,

Joseph Roth

Neffen Fred Grubel, später Direktor des New-Yorker Leo-Baeck-Instituts, sagte er einmal: »In Frankreich muß selbst der Hilfsredakteur einer Provinzzeitung ein klassisches Französisch schreiben. In Deutschland hingegen heißt man Jakob Wassermann, man schreibt Tiefenschmus, macht Salat aus der deutschen Sprache und wird als großer Dichter angesehen.«[118]

Im Grunde seines Herzens war Joseph Roth trotz des Trubels, mit dem er sich umgab, ein zutiefst einsamer Mensch. »Sie irren sich, wenn Sie glauben, ich hätte eine ›Umgebung‹. Ich treffe Den und Jenen, wie man einen Stein oder einen Baum am Wege trifft. Ich bin ein Wanderer, ich habe keine Freunde und Bekannten«, schreibt er voller Bitterkeit. Und während einer mehrwöchigen Reportagereise durch die Sowjetunion notiert er 1926: »Meine Einsamkeit ist riesengroß, insupportable.«[119]

1929 geriet Roth in eine tiefe Krise, als er seine Frau Friedl in die Berliner Nervenheilanstalt Westend bringen mußte. Öfter noch als sonst griff er zum Alkohol, auch seine finanziellen Mittel waren wieder einmal erschöpft. Erschütternd sein Brief an René Schickele vom Januar 1930, in dem es heißt: »Acht Bücher bis heute, mehr als 1000 Artikel, seit zehn Jahren jeden Tag zehnstündige Arbeit, und heute, wo mir die Haare ausgehen, die Zähne, die Potenz, die primitivste Freudefähigkeit, nicht einmal die Möglichkeit, einen einzigen Monat ohne finanzielle Sorge zu leben.«[120]

Und doch schrieb Roth in dieser Zeit viele Manuskriptblätter für seinen bis dahin größten Roman, den **Hiob**, für den er zuerst keinen Verleger fand, da Die Schmiede nicht mehr existierte. Er versuchte neue Kontakte anzuknüpfen, darunter zu Bruno Cassirer und dessen Cheflektor Max Tau. Dieser berichtet, wie Roth ihn eines Abends von den Mampestuben aus im Verlag anrief, weil er nicht mehr in der Lage war, seine Zeche zu begleichen. »Eines Abends wurde ich zum Telephon gerufen, ... Cassirer hörte das Gespräch mit einem Ohr und sagte: ›Da protestiere ich ganz energisch. Ich habe Ihnen nicht vor zwei Tagen das Gehalt erhöht, damit Sie jetzt den Joseph Roth – ich weiß, ich weiß, ein sehr großer Dichter – aus den Mampestuben auslösen.‹ Ich hörte kaum mehr auf die Gespräche. Immer wieder schaute ich auf die Uhr. Einige Minuten, bevor die Mampestuben geschlossen wurden, traf ich dort ein und saß dann noch mit Koeppen und Roth beisammen.«[121]

Doch Cassirer war nicht zu überzeugen, das Werk herauszubringen. Es war Hermann Kesten, damals Lektor im Kiepenheuer Verlag, der Roths verzweifelte Lage beendete, indem er das Buch bei Gustav

118 Zit. nach: David Bronsen: Joseph Roth. Eine Biographie. München 1981, S. 356
119 Beide Texte zit. nach: Ebenda, S. 304
120 Joseph Roth an René Schickele, Berlin 20. 1. 1930. In: Joseph Roth: Briefe 1911 bis 1938. Köln 1970, S. 156
121 Max Tau: Das Land, das ich verlassen mußte. Hamburg 1961, S. 218

Kiepenheuer durchsetzte. Im Frühjahr 1930, als **Hiob** erschien, stand der 50. Geburtstag des Verlegers bevor. Joseph Roth war unter den Gästen der großen Feier im Verlagshaus Altonaer Straße. Er schrieb auch einen Beitrag für den Festalmanach, der nur in einem einzigen Exemplar gedruckt wurde – für Gustav Kiepenheuer. Von Brecht über Kaiser, Feuchtwanger, Toller, Mehring und Arnold Zweig reichte die Liste der 34 Hausautoren, die ihrem Verleger gratulierten. Roth gehörte zusammen mit Anna Seghers zu den »Jüngsten« im Verlag, sein erster Kiepenheuer-Titel war ja gerade erst erschienen. Um so herzlicher war sein Beitrag:

»... [Kiepenheuer] hat keinen Sinn für das Geld. Diese Eigenschaft haben wir gemeinsam. Er ist der ritterlichste Mann, den ich kenne. Ich auch. Das hat er von mir. Er verliert an meinen Büchern. Ich auch. Er glaubt an mich. Ich auch. Er wartet auf meinen Erfolg. Ich auch. Ihm ist die Nachwelt sicher. Mir auch.«[122]

Die zwei Jahre bis 1932 wurden nun, mit der häufigen Station Berlin, zum künstlerischen Höhepunkt im Leben von Joseph Roth. Er begann die Arbeit an seinem Roman **Radetzkymarsch**. Gustav Kiepenheuer förderte den Dichter nach Kräften. Später schrieb er über Roth:

»Dem weißen Kater bei Mampe, der mit seinen Manuskriptseiten spielte und sie mit den Pfoten durcheinanderwarf, strich er verständnisvoll übers weiche Fell.

Joseph Roth war der Aristokrat unter meinen Autoren. Wenn er in der Dämmerung zu mir kam und mit seinen schmalen, weißen Händen in den Rock griff, um ein blaues Heftchen oder perforierte Zettelchen aus einem Notizbuch herauszuholen, so geschah dies mit einer gewissen Feierlichkeit und einem Respekt vor der eigenen Arbeit. Denn auf diesen Papierchen stand in seiner feinen, gestochenen Schrift das Ergebnis des Tages.«[123]

Im Herbst 1932, als bereits dunkle politische Wolken am Himmel über Berlin aufgezogen waren, erschien der Roman bei Kiepenheuer. Nur drei Monate später, im Januar 1933, gab es in Berlin noch einmal eine Begegnung zwischen Roth und Cziffra, die dieser festgehalten hat: »Sie fand im Café Hessler statt, einem Lokal, wo Roth sonst nicht verkehrte. Darauf angesprochen, erzählte er, daß er einige Drohbriefe bekommen habe, in denen er als ›Saujud‹ und ›jüdischer Schmierfink‹ bezeichnet wurde ... Er erzählte noch, daß er in den nächsten Tagen Deutschland für immer verlassen werde. Als dieses Gespräch stattfand, war Hitler noch nicht Reichskanzler, Hindenburg hatte das Ermächtigungsgesetz noch nicht unterschrieben.«[124]

122 Gustav Kiepenheuer zum 50. Geburtstag. Berlin 1930. Zit. nach: Thema – Stil – Gestalt. 15 Jahre Literatur und Kunst im Spiegel eines Verlages. Leipzig 1984, S. 462

123 Gustav Kiepenheuer: Eine Reverenz vor Joseph Roth. In: Joseph Roth. Leben und Werk. Ein Gedächtnisbuch. Köln 1949, S. 40 f.

124 Géza von Cziffra: Der heilige Trinker. Erinnerungen an Joseph Roth. Bergisch Gladbach 1983, S. 67

Joseph Roth mit dem Kiepenheuer-Lektor Walter Landauer in Berlin. Foto von 1930

So verhöhnten die Nazis 1933 Thomas Mann. Unter den jüdischen Geistesschaffenden, deren »Ausschaltung« der Zeichner demagogisch darstellt, erkennen wir u.a. Karl Marx, Albert Einstein, Lion Feuchtwanger, Alfred Kerr und Alfred Flechtheim. Karikatur aus dem satirischen Wochenblatt der NSDAP »Die Brennessel«

„Leise flehen meine Lieder,
Was vorbei ist, kommt nicht wieder —
— — — — — — — — — —
Meinem Affen gebe ich jetzt alleine Zucker."

DER EXODUS DES GEISTES

1933 lebte der junge englische Schriftsteller Christopher Isherwood als Sprachlehrer in Berlin. Seine Erzählung **A Berlin Diary**, eigenes Erleben verarbeitend (und eine der Vorlagen für den späteren Musical-Welterfolg **Cabaret**), führt den Leser in das Romanische Café, eine Woche nach der Machtergreifung der Faschisten:

»Ich sitze jeden Abend in dem großen, halbleeren Künstler-Café an der Gedächtniskirche, wo Juden und linksgerichtete Intellektuelle noch über den Marmortischen die Köpfe zusammenstecken und leise und verängstigt miteinander reden. Viele wissen genau, daß ihnen die Verhaftung bevorsteht – wenn nicht heute, dann morgen oder nächste Woche. Fast jeden Abend kommt die SA ins Café.

Als ich heute vormittag die Bülowstraße hinunterschlenderte, brachen die Nazis gerade in die Wohnung eines kleinen pazifistischen Schriftstellers ein. Sie hatten einen Lastwagen mitgebracht, den sie mit seinen Schriften beluden. Der Fahrer las der Menge spöttisch die Titel vor: ›Nie wieder Krieg!‹ rief er und hielt angeekelt ein Buch an der Einbanddecke hoch, als wäre es ein garstiges Reptil. Alle brüllten vor Lachen.

Ich betrachte mein Gesicht in der Scheibe eines Ladens und bin entsetzt, mich lächeln zu sehen. Wenn das Wetter so schön ist, muß man lächeln. Die Straßenbahnen fahren die Kleiststraße hinauf und hinab wie sonst auch. Nein. Selbst jetzt kann ich es immer noch nicht glauben, daß alles dies vorbei und vergangen ist.«[125]

»Selbst jetzt kann ich es immer noch nicht glauben« – diese Worte Isherwoods treffen auch die Haltung vieler deutscher Künstler sehr genau. Zwar hatten die Schriftsteller, Journalisten und Maler spätestens seit dem Anwachsen der Nazipartei zu einer Massenbewegung ab 1929/30 voller Besorgnis die politische Entwicklung verfolgt, aber die tatsächliche Gefahr war nur von wenigen, zumeist Kommunisten, richtig eingeschätzt worden.

In der Sorge um den Fortbestand der Republik galt die Attacke der linksbürgerlich-demokratischen Kräfte – etwa Carl von Ossietzkys und des Kreises der Autoren um die »Weltbühne« – mehr dem versteckten Militarismus und der Klassenjustiz als den Faschisten. Diese wurden bis weit in das Jahr 1932 nicht genügend ernst genommen. Auf Grund des primitiv-demagogischen Charakters ihrer Propaganda überwog an den Tischen der Künstlerlokale das geistreich-zynische Witzeln über die Hitler, Göring und Goebbels, sie waren für viele Männer der schreibenden Zunft einfach »kein Gegenstand«. Dabei lag das Programm späteren faschistischen Terrors, Hitlers **Mein Kampf**, bereits seit 1926

125 Christopher Isherwood: Ein Berliner Tagebuch. In: Christopher Isherwood: Leb' wohl Berlin. Hamburg 1949, S. 114 ff.

in den Buchhandlungen und erreichte bis Ende 1932 eine Auflage von über 100000 Exemplaren! Doch darüber wurde weder im Romanischen Café, noch bei Schlichter oder Schwannecke wirklich ernsthaft debattiert, weil die politische Machtübernahme der Faschisten in Deutschland von den meisten nicht für möglich gehalten wurde.

Nur wenige Künstler sahen bereits Ende 1932 ihr künftiges Schicksal, die Emigration, tatsächlich voraus. Zu ihnen gehörte Leonhard Frank, wie Fritz Kortner in seinen Erinnerungen berichtet:

»Damals schrieben Leonhard Frank und ich einen Film. Im Gespräch darüber sonderten wir uns eines Abends von den anderen ab. Ich wollte vom Drehbuch sprechen, er aber war zu verstört. ›Wenn ich ein Jud' wär, führe ich morgen weg‹, sagte er mit seiner leisen, langsamen Bestimmtheit. ›Und was ist mit Ihnen?‹ fragte ich. ›Ich übermorgen‹, lächelte er. Wir gingen in jener Nacht den Weg vom Eden-Hotel zur Halenseer Brücke mehrmals hin und zurück. Frank sprach von der Unabwendbarkeit der Emigration.«[126]

Charakteristisch für jenes »Ich kann es immer noch nicht glauben« war auch die Tatsache, daß die wenigsten Künstler sofort nach dem 30. Januar 1933 den Entschluß faßten, ins Exil zu gehen. Man blieb noch in Berlin, man wollte abwarten, ob nicht doch noch etwas geschah, das den »Hitlerspuk« (Brecht) beenden würde. Erst als einen knappen Monat später der Reichstag brannte und in derselben Nacht die erste große Verhaftungswelle durch die Faschisten einsetzte, war für die meisten Künstler endgültig – und schmerzlich! – klar, daß ihr Bleiben in Deutschland nun nicht länger möglich war. Ludwig Marcuse berichtet stellvertretend für viele seiner Kollegen über die Nacht des Brandes:

»Joseph Roth, der Romanschriftsteller Ernst Weiß und ich saßen in den Mampestuben am Kurfürstendamm, in der Nähe des Bahnhofs Savignyplatz. Der Kellner, der Rowohlt so ähnlich sah und außerdem noch einen schönen Bariton hatte, kam an den Tisch und sagte: ›Der Reichstag brennt. Ein Taxi-Chauffeur, der gerade vom Brandenburger Tor kam, hat den Brand gesehen.‹ Ich ging ans Telefon und fragte einen befreundeten Nachtredakteur. Dann rief ich ins Lokal hinein: ›Der Reichstag brennt.‹ ... Am nächsten Tag waren Ossietzky, Mühsam und viele andere Freunde verhaftet.

Ich fuhr zum Anhalter Bahnhof. Wir benahmen uns, als reiste ich gerade ein paar Stationen weiter.«[127]

Wie Marcuse verließen Hunderte von Schriftstellern und Journalisten Deutschland, ein Exodus des Geistes ohne Beispiel.

126 Fritz Kortner: Aller Tage Abend. München 1960, S. 393
127 Ludwig Marcuse: Mein zwanzigstes Jahrhundert. Frankfurt a. Main 1968, S. 132

Vom Ausland her richteten sie nun ihre Feder gegen die Faschisten, mit einer »Neuen Weltbühne« und einem »Neuen Tagebuch« (in Fortführung der ehemaligen Berliner Zeitschriften), oder mit Neugründungen wie dem »Gegenangriff« und den »Neuen deutschen Blättern«, die ihr Programm bereits im Titel formulierten. Nur wenige aufrechte Schriftsteller blieben in Deutschland zurück, gingen in eine innere Emigration. Erich Kästner war einer von ihnen.

Einige arrangierten sich für kürzere oder längere Zeit mit den Nazis, wie Gottfried Benn oder Arnolt Bronnen, ehe auch sie die Fronten wechselten. Tonangebend in Deutschland war nun eine »völkische Literatur« unter der Flagge der Reichsschrifttumskammer. Muß noch gesagt werden, daß das Romanische Café, seiner großen Geister beraubt, die allein die Atmosphäre ausgemacht hatten, damit zu jener Bedeutungslosigkeit zurückkehrte, die es bis 1918 besessen hatte?

Der Dichter Wolfgang Koeppen, 1933 ein Siebenundzwanzigjähriger, hat in einem eindringlichen, kurz nach der Kapitulation Berlins geschriebenen Text die fast grausige Szenerie des Romanischen nach dem Auszug seiner Stammgäste reflektiert:

»... und er und ich, wir sahen die Terrasse und das Kaffeehaus weggehen, verschwinden mit seiner Geistesfracht, sich in Nichts auflösen, als sei es nie gewesen, und es marschierten die Standarten auf, die Bewegung bewegte sich zur Kirche oder in die Kirche oder in die Kinos, es war kein Unterschied, die Bewegung wurde in der Kirche empfangen und gesegnet und im Kino gefeiert, das Bethaus wurde entflammt, ein erstes Licht, das aufging, bevor die Stadt in Lichtern strahlte, und die Gäste des Cafés zerstreuten sich in alle Welt oder wurden gefangen oder wurden getötet oder brachten sich um oder duckten sich und saßen noch im Café bei mäßiger Lektüre und schämten sich der geduldeten Presse und des großen Verrates, und wenn sie miteinander sprachen, flüsterten sie ...«[128]

Einer der Stammgäste, die sich arrangiert hatten, der Schriftsteller Wolfgang Goetz, veröffentlichte 1936 in Berlin Erinnerungen an berühmte Künstlerlokale der Stadt.[129] Das schmale Bändchen ist ein typisches Dokument für Selbstverleugnung und Unterwerfung. Im Kapitel über das Café Größenwahn durften natürlich weder Juden noch Emigranten vorkommen – also schrieb Goetz seitenlang über Randfiguren wie Schmied oder Poppenberg. Keine Erwähnung finden Mühsam, die Lasker-Schüler, Walden, Döblin und all die Großen, dafür liest man schwülstige Elogen auf den zu den Nazis übergelaufenen Hanns Heinz Ewers. Das Romanische Café kommt im Kapitel über die zwanziger

128 Wolfgang Koeppen: Romanisches Café. Frankfurt a. Main 1972, S. 10
129 Wolfgang Goetz: Im »Größenwahn«, bei Pschorr und anderswo. Berlin 1936

Jahre gleich gar nicht vor, seine »Bewohner« waren ja nahezu komplett ins Exil gegangen. So mußte Goetz nun konstruieren, das eigentliche Künstlerlokal Berlins seien Pschorrs Bierstuben gewesen. Um Victor Klemperers schon klassischen Begriff von der Sprache des dritten Reichs zu variieren: Libri Tertii Imperii ...

Anders als auf dem Feld von Presse und Literatur sah es auf dem Theater und in der Musik aus. Hier überwogen die »unpolitischen« (wie sie glaubten) Künstler, die in Berlin blieben. Das änderte sich auch nicht, als nach dem Erlaß des »Berufsbeamtengesetzes« im April 1933 alle jüdischen Kollegen entlassen wurden. Der Opern-, Konzert- und Theaterbetrieb in Berlin verlief bis etwa 1937 kaum weniger glanzvoll als früher.

Die Staatsoper lud wie ehedem zu repräsentativen Premieren. (Daß einige jüdische Sänger und Musiker fehlten, wer merkte es?) Im Deutschen Theater und Staatlichen Schauspielhaus paradierten bei Hilpert und Gründgens, die ihre jüdischen Intendantenvorgänger Reinhardt und Jessner »abgelöst« hatten, die großen Schauspieler von Käthe Dorsch bis Heinrich George – es trübte kaum die Opulenz, daß Bassermann, Kortner oder die Bergner nicht mehr da waren.

Daß sie freilich damit als kulturelles Aushängeschild dienten; daß die Fotos, auf denen Göring mit Gründgens, Hitler mit Furtwängler, Goebbels mit George posierten, geschickt zur Vertuschung dessen benutzt wurden, was tatsächlich in Deutschland geschah – das sahen viele der Beteiligten lange Zeit nicht, bis hin zu einem Richard Strauss und Gerhart Hauptmann.

Besonders schmerzlich berührt, daß sich viele große Schauspieler, wie etwa Emil Jannings und Werner Krauss – und dies nun nicht mehr etwa »unwissentlich« – in den Folgejahren auch zu schlimmsten NS-Filmen wie **Ohm Krüger** oder **Jud Süß** hergaben.

So waren die Theaterlokale nach wie vor jeden Abend überfüllt, und nur wer bei Schwannecke oder Mutter Maenz genau hinsah, bemerkte die gelichteten Reihen der alten Stammgäste.

Berlin behielt auf einigen Gebieten der Kunst noch für wenige Jahre einen trügerischen Glanz, dem ab etwa 1937 die totale »Indienststellung« der Künste für die ideologische Kriegsvorbereitung folgen sollte.

Die besten Kräfte des einstigen Berlin aber schufen nach 1933 ihre Werke verstreut über den ganzen Erdball. Fast alle in unserem Buch erwähnten Schriftsteller und Journalisten waren darunter, von Brecht bis zu den Zweigs, von Kisch bis Kerr, von den Manns bis Döblin, von

Horvath bis Roth. Die beiden Letztgenannten fanden im Exil, wie manch anderer ihrer Gefährten, einen tragischen Tod.

Und wieder saß man nun in Cafés, Bistros, Coffee Shops und Restaurants zwischen Prag und Paris, New York und Mexico City. Wie oft mag dabei an den fremden Tischen wohl der Satz gefallen sein: Weißt du noch, damals im Romanischen Café ...?

Anna Seghers mit Egon Erwin Kisch und seiner Frau Gisl 1939 in einem Pariser Emigrantencafé. Bald darauf zwangen die Ereignisse in Europa sie zu erneuter Flucht, diesmal nach Mexiko. Foto von 1939

Berliner Lokale und Künstlertreffpunkte

In fast allen Memoirenbänden deutscher Künstler unseres Jahrhunderts, die in den zwanziger Jahren in Berlin lebten und arbeiteten, finden sich Erinnerungen an ihre Lieblingslokale, zumeist jedoch sporadisch und nur auf wenigen Seiten. Eine Auflistung an dieser Stelle würde den Rahmen sprengen.

Die bisher erschienene spezielle Literatur zum Thema ist sehr gering und wird nachfolgend verzeichnet:

Adlon, Hedda: Hotel Adlon. München 1956
Cziffra, Géza von: Der Kuh im Kaffeehaus. München 1984
Erman, Hans: Bei Kempinski. Berlin (West) 1958
Goetz, Wolfgang: Im »Größenwahn«, bei Pschorr und anderswo. Berlin 1936
Höxter, John: So lebten wir. 25 Jahre Berliner Boheme. Berlin 1929
Kreuzer, Helmut: Die Boheme. Analyse und Dokumentation der intellektuellen Subkultur vom 19. Jahrhundert bis zur Gegenwart. Stuttgart 1971
Meidner, Ludwig: Dichter, Maler und Cafés. Zürich 1976
Ostwald, Hans: Berliner Kaffeehäuser. Berlin 1905
Zivier, Georg: Das Romanische Café. Berlin (West) 1962
20 Jahre Café des Westens. Redaktion: Edmund Edel. Berlin 1913

Berlin der zwanziger Jahre – Kulturgeschichte

Aus der großen Zahl der Berlindarstellungen bietet die folgende Auswahl jene Titel, die ein besonders authentisches Bild der Stadt vermitteln. Dabei ist auf Romane und Erzählungen verzichtet worden.

Arnheim, Rudolf: Stimme von der Galerie. 25 kleine Aufsätze zur Kultur der Zeit. Berlin 1928
Arnold, Karl: Berliner Bilder. Berlin 1924
Berlins Aufstieg zur Weltstadt. Hrsg. von Max Osborn. Berlin 1929
Bouchholtz, Christian: Kurfürstendamm. Berlin 1921
Brennert, Hans, und Erwin Stein: Probleme der neuen Stadt Berlin. Berlin 1926
Brentano, Bernard von: Wo in Europa ist Berlin? Frankfurt a. Main 1981
Bucovich, Mario von: Berlin. Geleitwort von Alfred Döblin. Berlin 1928
Dolbin, Benedikt Friedrich: Die Gezeichneten des Herrn Dolbin. 2 Bde. Wien 1926

Eckardt, Wolf von, und Sander Gillman: Bertolt Brechts Berlin. A Scrapbook of the Twenties. New York 1975
Erman, Hans: Berliner Geschichten – Geschichte Berlins. Tübingen 1960
Everett, Susanne: Lost Berlin. London/Chicago 1979
Friedrich, Otto: Before the Deluge. New York 1972; deutsch als: Weltstadt Berlin. Größe und Untergang 1918–1933. München 1973
Grossmann, Rudolf: Fünfzig Köpfe der Zeit. Berlin 1925
Hegemann, Werner: Das steinerne Berlin. Geschichte der größten Mietskasernenstadt der Welt. Berlin 1930
Heller, Leo: So siehste aus, Berlin! München 1927
Hessel, Franz: Heimliches Berlin. Berlin 1927
Hessel, Franz: Spazieren in Berlin. Berlin 1929
Italiander, Rolf: Berliner Cocktail. Berlin (West) 1965
Jameson, Egon: Augen auf! Berlin (West) 1982
Jameson, Egon: Berlin – so wie es war. Düsseldorf 1973
Kiaulehn, Walter: Berlin. München 1969
Kracauer, Siegfried: Straßen in Berlin und anderswo. Frankfurt a. Main 1964
Krell, Max: Das alles gab es einmal. Frankfurt a. Main 1961
Lange, Friedrich C. A.: Groß-Berliner Tagebuch 1920–1933. Berlin (West) 1951
Lehmann, F. W.: Kurfürstendamm. Berlin (West) 1965
Mendelssohn, Peter de: Zeitungsstadt Berlin. Berlin (West) 1959
Moreck, Curt: Führer durch das lasterhafte Berlin. Leipzig 1931
Neues Bauen in Berlin. Berlin 1931
Oppenheimer, Max (Mopp): Berlin. Berlin 1926
Orlik, Emil: Fünfundneunzig Köpfe. Berlin 1920
Osborn, Max: Berlin. Leipzig 1926
Pem (eigtl. Marcus, Paul): Heimweh nach dem Kurfürstendamm. Berlin (West) 1955
Pfeiffer, Herbert: Berlin – zwanziger Jahre. Berlin (West) 1961
Roth, Joseph: Berliner Saisonbericht. Köln 1984
Ruland, Bernd: Das war Berlin. Bayreuth 1972
Salomon, Erich: Porträt einer Epoche. Berlin (West) 1963
Scheffler, Karl: Berlin. Wandlungen einer Stadt. Berlin 1931
Schrader, Bärbel, und Jürgen Schebera: Kunstmetropole Berlin 1918–1933. Dokumente und Selbstzeugnisse. Berlin 1987
Stone, Sasha: Berlin in Bildern. Wien 1929
Szatmari, Eugen: Das Buch von Berlin. München 1927
Uderstädt, Hans: Berlin wie es nur wenige kennen. Berlin 1930
Unser Berlin. Ein Jahrbuch von Berliner Art und Arbeit. Berlin 1928
Willinger, F. L.: 100 × Berlin. Berlin 1929
Zirkus Berlin. Hrsg. von Lothar Brieger. Berlin 1920

Weimarer Republik – Kulturgeschichte

Berlin spielt eine zentrale Rolle auch in der Literatur zur Weimarer Republik. Die nachfolgende Auswahl berücksichtigt vor allem jene Überblicksdarstellungen, die dem Leser durch zahlreiche Abbildungen zusätzliche Eindrücke ermöglichen.

Behr, Hermann: Die goldenen zwanziger Jahre. Hamburg 1965

Gay, Peter: Weimar Culture. New York 1968; deutsch als: Die Republik der Außenseiter. München 1970

Hermand, Jost, und Frank Trommler: Die Kultur der Weimarer Republik. München 1978

Koch, Thilo: Die goldenen zwanziger Jahre. Frankfurt a. Main 1970

Krummacher, F. A., und Heinrich Wucher: Die Weimarer Republik. Ihre Geschichte in Bildern, Texten und Dokumenten. München 1956

Lacqueur, Walter: Weimar: A Cultural History 1918–1933. London 1974; deutsch als: Weimar. Die Kultur der Republik. Berlin (West) 1976

Nössig, Manfred, Johanna Rosenberg und Bärbel Schrader: Literaturdebatten in der Weimarer Republik. Berlin 1980

Schrader, Bärbel, und Jürgen Schebera: Die »goldenen« zwanziger Jahre. Kunst und Kultur der Weimarer Republik. Leipzig 1987

Werner, Bruno E.: Die zwanziger Jahre. Von morgens bis Mitternacht. München 1962

Willett, John: The New Sobriety. Art and Politics in the Weimar Period. London 1979; deutsch als: Explosion der Mitte. Kunst und Politik 1917–1933. München 1981

Willett, John: The Weimar Years. London 1984

Die geraden Ziffern verweisen auf den Text, die kursiven auf Bildlegenden

Bildnachweis

ADN/Zentralbild, Berlin S. 4, 7, 8, 9, 11 oben und unten, 12 unten, 19, 26, 28, 31, 34, 35, 38 unten, 42, 43, 55, 59, 67, 69, 73, 76, 80, 82, 93, 95 oben, 100, 102, 103, 106
Akademie der Künste der DDR, Berlin S. 16
Anna-Seghers-Archiv der Akademie der Künste der DDR, Berlin S. 131
Berliner Ensemble (Archiv) S. 91
Bertolt-Brecht-Erben, Berlin S. 88
Deutsches Literaturarchiv (Tucholsky-Archiv), Marbach S. 92
Deutsches Theater, Berlin (Archiv) S. 68
Enderle, Luiselotte, München S. 108, 110
Gustav Kiepenheuer Verlag, Leipzig (Archiv) S. 54, 118, 121, 122, 125
Hessisches Landesmuseum Darmstadt S. 83
Staatliches Filmarchiv der DDR, Berlin S. 71, 79, 112
Staatliche Kunsthalle, Berlin (West) S. 84
Städtische Galerie im Lenbachhaus, München S. 89
Städtische Kunsthalle, Mannheim S. 87
Theatermuseum, München S. 15
Ullstein Bilderdienst, Berlin (West) S. 74

Sämtliche weiteren Abbildungen stammen aus zeitgenössischen Quellen der Jahre 1918–1933 (Bücher, Zeitschriften, Zeitungen). Die Vorlagen stellte freundlicherweise die Deutsche Bücherei Leipzig zur Verfügung, die reproduzierten Schutzumschläge stammen aus der Sammlung Herbert Kästner, Leipzig. Ausführung der Reproduktionsarbeiten: Joachim Petri, Leipzig.

Verlag und Autor danken Herrn Willi Kollo, Berlin (West), für die freundliche Genehmigung zur Verwendung des Chansons »Damals im Romanischen Café«.